2023 年国家法律职业资格考试

主观题

带写带练 · 真题集萃 · 进阶案例

商 法

沙 盘 推 演

Commercial Law

鄢梦萱◎编著

厚大出品

中国政法大学出版社

不有百炼火　孰知寸金精

2023厚大在线学习群专享

法考讯息速递 》 01
节点提醒，考情分析，关键信息整合

备考策略分享 》 02
备考方法，科目攻略，复习方案规划

专属内部资料 》 03
思维导图，阶段讲义，每日干货分享

专场直播分享 》 04
热点评析，干货讲座，资料直播解读

第28期：刑法小案例干货直播专场		预约
第27期：案例训练专场		预约
第26期：主观过关实务经验分享		预约
第25期：主观二战复习方法		预约

好课即速获取 》 05
超值课程，专属优惠，尽揽一手信息

扫码回复"学习群"
即可加入_____

做法治之光

——致亲爱的考生朋友

　　如果问哪个群体会真正认真地学习法律，我想答案可能是备战法考的考生。

　　当厚大的老总力邀我们全力投入法考的培训事业，他最打动我们的一句话就是：这是一个远比象牙塔更大的舞台，我们可以向那些真正愿意去学习法律的同学普及法治的观念。

　　应试化的法律教育当然要帮助同学们以最便捷的方式通过法考，但它同时也可以承载法治信念的传承。

　　一直以来，人们习惯将应试化教育和大学教育对立开来，认为前者不登大雅之堂，充满填鸭与铜臭。然而，没有应试的导向，很少有人能够真正自律到系统地学习法律。在许多大学校园，田园牧歌式的自由放任也许能够培养出少数的精英，但不少学生却是在游戏、逃课、昏睡中浪费生命。人类所有的成就靠的其实都是艰辛的训练；法治建设所需的人才必须接受应试的锤炼。

　　应试化教育并不希望培养出类拔萃的精英，我们只希望为法治建设输送合格的人才，提升所有愿意学习法律的同学整体性的法律知识水平，培育真正的法治情怀。

厚大教育在全行业中率先推出了免费视频的教育模式，让优质的教育从此可以遍及每一个有网络的地方，经济问题不会再成为学生享受这些教育资源的壁垒。

最好的东西其实都是免费的，阳光、空气、无私的爱，越是弥足珍贵，越是免费的。我们希望厚大的免费课堂能够提供最优质的法律教育，一如阳光遍洒四方，带给每一位同学以法律的温暖。

没有哪一种职业资格考试像法考一样，科目之多、强度之大令人咋舌，这也是为什么通过法律职业资格考试是每一个法律人的梦想。

法考之路，并不好走。有沮丧、有压力、有疲倦，但愿你能坚持。

坚持就是胜利，法律职业资格考试如此，法治道路更是如此。

当你成为法官、检察官、律师或者其他法律工作者，你一定会面对更多的挑战、更多的压力，但是我们请你持守当初的梦想，永远不要放弃。

人生短暂，不过区区三万多天。我们每天都在走向人生的终点，对于每个人而言，我们最宝贵的财富就是时间。

感谢所有参加法考的朋友，感谢你愿意用你宝贵的时间去助力中国的法治建设。

我们都在借来的时间中生活。无论你是基于何种目的参加法考，你都被一只无形的大手抛进了法治的熔炉，要成为中国法治建设的血液，要让这个国家在法治中走向复兴。

数以万计的法条，盈千累万的试题，反反复复的训练。我们相信，这种貌似枯燥机械的复习正是对你性格的锤炼，让你迎接法治使命中更大的挑战。

亲爱的朋友，愿你在考试的复习中能够加倍地细心。因为将来的法律生涯，需要你心思格外的缜密，你要在纷繁芜杂的证据中不断搜索，发现疑点，去制止冤案。

亲爱的朋友，愿你在考试的复习中懂得放弃。你不可能学会所有的知识，抓住大头即可。将来的法律生涯，同样需要你在坚持原则的前提下有所为、有所不为。

亲爱的朋友，愿你在考试的复习中沉着冷静。不要为难题乱了阵脚，实在不会，那就绕道而行。法律生涯，道阻且长，唯有怀抱从容淡定的心才能笑到最后。

法律职业资格考试不仅仅是一次考试，它更是你法律生涯的一次预表。

我们祝你顺利地通过考试。

不仅仅在考试中，也在今后的法治使命中——

不悲伤、不犹豫、不彷徨。

但求理解。

厚大®全体老师　谨识

缩略语对照表 ABBREVIATION

九民纪要	全国法院民商事审判工作会议纪要
担保制度解释	最高人民法院关于适用《中华人民共和国民法典》有关担保制度的解释
公司法解释（二）	最高人民法院关于适用《中华人民共和国公司法》若干问题的规定（二）
公司法解释（三）	最高人民法院关于适用《中华人民共和国公司法》若干问题的规定（三）
公司法解释（四）	最高人民法院关于适用《中华人民共和国公司法》若干问题的规定（四）
公司法解释（五）	最高人民法院关于适用《中华人民共和国公司法》若干问题的规定（五）
破产法解释（二）	最高人民法院关于适用《中华人民共和国企业破产法》若干问题的规定（二）

第三部分 ▶ 大综案例   139

学科特点

一、分值分布

（一）分值概况

自 2018 年法考元年至 2022 年的法考主观题考试中，商法均有一道独立的案例分析题，分值为 27 分或 28 分，该商法案例与行政法案例为选做题（选择一题作答）。同时，在民法综合主观题中常出现 1~3 道关涉商法的设问，分值为 10 分左右。

科　　目	2018 年	2019 年	2020 年	2021 年	2022 年
商法（选做题）	28 分	27 分	28 分	28 分	28 分
民商诉（综合题）	12 分	15 分	11 分	无	10 分
合　　计	40 分	42 分	39 分	28 分	38 分

（二）分值数据分析

根据考生朋友的回忆，自 2018 年法考以来，商法主观题均为 6 问，除了一两问有难度（或结合民诉法，或尚有争议）外，其余内容均属于"基本盘"。虽然有的案情人物众多（如 2020 年的商法主观题，共涉及 11 人），法律关系貌似复杂，但实际难度不大，属于"条块分割、自说自话"，除个别问题有学术争议或不同观点外，基本是"因（法）条设题、注重基础"。

2021 年情况略为特殊，民法案例中未出现商法考点，但该年的商法案例中出现了民法"让与担保"的案情，考查角度涉及"让与担保的认定、流质条款的效力"。

同年，延考区商法案例中出现了"增资协议无效，但增资行为是否有效"的案情，这需要考虑民法合同效力对商事行为的影响，深层次理论是商法作为民法的特别法，其在遵循民法基本原则、基本制度的框架下，如何确定商事行为的效力。

上述分值数据表明，随着商事活动趋于复杂，商法在法考中地位突出，涉及公司这一商事主体的经济纠纷呈现出综合性、复杂性、特殊性的特点。

二、考情分析

针对商法的主观题案例，同学们普遍反映有难度，主要体现于下列方面：

1. 难度体现在案情设计偏重实务，尤其是常出现模糊、有争议的纠纷。

近年的商法试题（包括客观题和主观题）均注重考查实务纠纷，这大大增加了商法试题的难度。

公司作为商事活动的中心，可以和经济生活各个方面有关联。现有商事活动日趋复杂和多变，但是既有法律规则相对滞后，对某些经济活动没有清晰和明确的规则，出现很多法律模糊的真空地带。例如，工会作为公司职工持股平台，或者公司现有股东将股权转至一个新设的有限合伙企业，将该有限合伙企业作为职工持股平台；又如，公司融资中出现的对赌协议等问题。这些新问题的出现，也会导致观点各异、处理不一。

另外，商法主观题案情人物众多，案情琐碎，难以直接看出案情之间的联系，分析时经常遗漏或忽视关键细节，尤其是在案情中增加破产、担保、票据等内容，既增加了知识量，也提升了阅读的难度。

[例1] 2020 年商法主观题中，甲公司的股东不仅包括自然人（张一、关二、刘三），还包括工会（工会作为股东），工会委派职工曹四、袁五担任甲公司董事。随着案情发展，曹四将其股权转让给公司以外的第三人董六，未告知工会。后工会召开工会会议撤销了曹四在甲公司的董事资格，推选了另外一位职工赵七担任董事……由于人物众多，且出现工会持股，增加了对案情的阅读分析难度。

[例2] 2013 年商法主观题法律关系复杂。有一段案情涉及"马祎-大昌公司"之间能否主张返还厂房纠纷。案情涉及厂房两次无权处分，但这两次流转出现在案情的不同环节，其中一次流转还是以"设立公司以厂房出资"的形式流转，法律关系复杂，容易被忽视。这都属于在案情设计上增加了难度。（在下文"法律关系图"部分会详细介绍）

2. 难度体现在案例设问模糊。

通常而言，商法主观题大多直截了当提出问题。例如："该公司能否成立？""2009 年 12 月 18 日股东会决议的效力如何？为什么？"此种"是非类"的提问方法可以直接回答"能够""不能""有效""无效"。我们能够清晰地知道"问题"是什么，相对容易找出法律规则和解决方案。但是，近年也常常出现一些模糊的设问，指向不明确。

　　[例1]"赵某与美森公司是什么法律关系？"（2016年）该题不是"是非类"设问，指向不明，有时很难把握住正确的切入点。

　　[例2]"就葛梅梅所领取的奖金，管理人应如何处理？"（2014年）该种设问一是不易找到正确的切入点，二是容易遗落关键采分点。

　　[例3]"昌顺公司治理结构是否存在不规范之处？为什么？"（2017年）"公司治理结构"仅是理论上的提法，不能直接从《公司法》的法条中找到对应表述，而且"治理结构"涉及范围广泛，包括公司组织机构的组成，公司股权结构，对公司董事、高管的激励约束机制等内容。

　　3. 难度体现在写作复杂。

　　从以上两个方面，即"案情注重实务""设问模糊"，基本可以得出结论：定性模糊、分析说理难度大、写作难度增加。

　　[例1] 2016年商法主观题："应当如何评价美森公司三个股东的出资行为及其法律后果？"

　　此题答案要点包括：三个股东的出资行为是什么、对三人出资行为如何评价；三个股东出资的法律后果是什么、对该法律后果如何评价。

　　[例2] 2014年商法主观题："在法院受理公司破产申请前，张巡是否可向公司以及陈明主张权利？主张何种权利？为什么？"

　　此题答案要点包括：张巡可否向公司主张权利、可主张什么权利、为什么；张巡可否向陈明主张权利、可主张什么权利、为什么。

三、命题规律

　　纵观2010~2022年的商法主观试题，命题思路一脉相承，均体现了"综合、注重实务"的特点，但是随着经济纠纷越来越复杂，呈现出题目难度越来越大的趋势。

（一）考查科目的规律

　　商法主观题主要考查有限责任公司制度，考点范围涉及破产法、票据法、担保制度、合同制度。在商法科目上，体现了重者恒重的特点。

　　从2002年到2022年这21年考题分析数据来看，目前尚未考查过个人独资企业法、外商投资法、证券法、证券投资基金法、信托法。

　　从2018年法考元年到2022年，均为商法和行政法"二选一"。从考试的稳定性与可预期性来看，2023年依旧会设置选做题，大概率依旧是商法和行政法两道题选择一道。

（二）案情设计的规律

呈现在我们面前的一道道商法主观题冗长、繁琐，但实际它是一只"纸老虎"，因其案情设计有一定规律。本书总结概括为以下四点：

1. 关注重要概念和理论、常用知识、常见纠纷。

商法基本案情设置是"一个有限责任公司从生到死的过程"，内容突出反映了法考是一种职业资格考试、需要运用理论知识解决纠纷的特征。

[例] 2021年商法主观题包括下列基础考点和常见纠纷：

（1）"股东会决议的效力"。这是公司法的高频考点，考查决议是否有效、无效、可撤销、不成立。

（2）"公司的注册资本如何增加、股东如何认缴"。公司的资本制度包括资本的变更、增减资本的股东会决议效力、增资时股东如何缴纳出资，这些内容一直是公司法的高频考点。

（3）"董事、高管对公司承担的义务"。考查董事和高管的忠实义务、勤勉义务，这属于公司法的基础知识。

2. 会出现有争议的或处于模糊地带的实务案例。

在独立商法案例中，第5、6问常常会对应综合性、开放性的案情，其主要来源于目前实务中尚有争议的真实案例。

[例1] 本书第43页2021年商法主观题"考查角度五"类似案情：投资方A公司依约履行了增资义务，但接受资金的公司将该增资款改变用途，并且未将该笔增资款在工商登记部门办理变更登记。现A公司要求全额返还增资款。

该段案情是实务中常见并有争议的问题，即增资协议依据《民法典》的规定解除后，投资人可否要求返还增资款项？

就该争议，需要考虑下列若干关系：

（1）公司债权人是否有需要保护的信赖利益？

（2）该投资款是否已对外公示？

（3）能否仅仅依据《民法典》中关于合同解除的规则"恢复原状"，即退还出资金额？（该案具体分析，请见本书下文第二部分"真题集萃"分析）

[例2] 2018年商法主观题案情：名义股东A借款到期未还，债权人申请执行，冻结了A名下的股份。现实际出资人B以诉争股权所有权人的身份提出执行异议。

问：该执行异议能否得到法院支持？

该项纠纷到目前为止，都尚无统一的结论，考生能从学理角度自圆其说即可。

（该案具体分析，请见本书下文"真题集萃"分析）

[例3] 2019年商法主观题案情：公司股东会经过2/3以上表决权通过作出增加注册资本的决议，增资金额均由外部投资者乙公司认缴，但公司小股东C反对，其他股东均同意并放弃对该部分增资的优先认缴。现反对的股东C主张对其他股东放弃的部分行使优先认购权，但对于C的主张，其他股东均反对。

这段案情本身表述就很复杂，并且实务中也出现了两种截然不同的观点，考生需要考虑当股东个体利益与公司整体利益，或者有限责任公司人合性与公司发展相冲突时，如何平衡这种冲突。（该案具体分析，请见本书下文"真题集萃"分析）

3. 跨学科综合考查趋势明显。

这体现在商法、民法实体法和民事诉讼法的结合上。但这种结合仍是有规律的，即针对公司法的法律争议问题，将"公司"作为独立的市场主体，围绕其展开一系列实体问题和诉讼问题。

[例1] 2021年商法主观题中：

（1）"以不享有所有权的财产出资的处理"，考查了无权处分善意取得制度在公司设立出资时的具体运用，既要考虑民法无权处分规则，又要考虑公司作为"法人组织体"时，如何认定其主观上的善恶；

（2）"股权让与担保纠纷"，考查了让与担保的标的是"股权"的处理，属于民法和商法融合考查。

[例2] 2019年商法主观题中，考查了在对股权的执行程序中，其他主体提出执行异议能否获得支持。这是妥妥的民诉领域专业问题。

另外，下列知识点也是常见可融合考查的方向，提请考生朋友多加关注：

（1）对赌协议：合同效力的判断依据《民法典》；协议的履行依据《公司法》，考虑是否违反《公司法》强行规范。

（2）公司担保：担保决议的效力依据《公司法》确定，担保责任的承担依据民法担保规则确定。

（3）股权让与担保：合同效力的判断依据《民法典》，瑕疵股权进行让与担保需和《公司法》结合。

（4）股东代表诉讼：能否启动股东代表诉讼依据《公司法》确定，诉讼当事人的确定依据民事诉讼法。

（5）公司人格否认纠纷：是否构成"人格混同、过度控制"依据《公司法》确定，诉讼当事人的确定依据民事诉讼法。

4. 商法案情设计模式比较固定，通常一道独立的商法主观题分为4~5个自然段。

第一自然段：背景介绍，其中要关注出资方式，注册资本金额，董事、监事、高管的职务。

第二自然段至最后：基本每一个自然段有一个主干案情，加一个辅助案情。辅助案情一般是回应之前案情，或为前述案情增加一个情节，或对前述案情提出抗辩理由。

（三）"案情-问题" 对应的规律

1. 一段一问，案情独立，互不干扰。

独立的商法案例分析题（选做题）一般为 6 问，设问和案情的关系为"一段一问（或两问），一一对应，案情独立，互不干扰"。

2. 问题难度递增。

第 1 问：往往设问复杂，但实际考点清晰，定性简单；

第 2~4 问：均为商法"基本盘"，设问和考点均比较清晰；

第 5 问：难度较高，常考实务或争议案情，会出现能找到法条依据但靠常规理解一定会错误的局面；

第 6 问：放飞自我，常跨部门法出题。

写作套路

一、阅读技巧

能够快速、准确掌握一道商法主观题的关键信息，辨别哪些是和"问题"对应的信息、哪些是干扰项，是分析案情的基础。所以，有效阅读是第一步。一般而言，一道商法主观案例，在阅读案情上花费的时间约为5~8分钟。

方法一：顺序定位。

"问题"和"案情"大多是"顺序"，较少出现"乱序"的情况，也就是"第1问"对应的案情一般在"第一自然段"，"第2问"对应的案情一般在"第二自然段"，以此类推。这可帮助我们快速定位答案在案情中的位置。

方法二：看问题，标出关键词，从"问题"反向定位"案情"。

考生需要找出"问题中的关键词"，并能将该"关键词"在案情中"精准定位"，避免盲目满篇找对应案情，以达到节约时间的效果。

"问题"中的关键词，一般是数字、日期、人名。

[示例一]

问题：在2013年1月，丙、丁能否主张甲设备出资的实际出资额仅为80万元，进而要求甲承担相应的补足出资责任？为什么？（2013年商法主观题第2问）

关键词：阿拉伯数字（2013年1月、80万元）

对应案情："第三，甲出资的设备，在2012年6月初，时值130万元；在2013年1月，时值80万元。"（快速浏览整段案情，找到案情中对应的阿拉伯数字，答案在对应句中分析。这样可以快速定位，节约时间，避免每一问都从头开始全盘浏览案情。）

[示例二]

问题：在甲不能补足其100万元现金出资时，满钺是否要承担相应的责任？为什么？（2013年商法主观题第3问）

关键词：阿拉伯数字（100万元）；特殊人名（满钺）。

对应案情："第二，甲的100万元现金出资，系由其朋友满钺代垫，且在2012年6月10日，甲将该100万元自公司账户转到自己账户，随即按约还给满钺。"

方法三：针对复杂法律关系，画出流转图（如票据的流转、房屋的流转等）。

[示例]

案情：2012 年 5 月，兴平公司与甲、乙、丙、丁四个自然人，共同出资设立大昌公司。在大昌公司筹建阶段，兴平公司董事长马玮被指定为设立负责人，全面负责设立事务。兴平公司以一栋厂房出资。后查明，兴平公司所出资的厂房，其所有权原属于马玮父亲；2011 年 5 月，马玮在其父去世后，以伪造遗嘱的方式取得所有权，并于同年 8 月，以该厂房投资设立兴平公司，马玮占股 80%。而马父遗产的真正继承人是马玮的弟弟马祎。

问题：马祎能否要求大昌公司返还厂房？为什么？

分析：在考虑"马祎-厂房"之间的关系时，关键是判断受让人大昌公司是否可"善意取得"。如果"善意"，则该厂房所有权归大昌公司，马祎（弟）无法追回；如果"非善意"，则大昌公司不能取得该厂房所有权，马祎（弟）可以追回。

由于该厂房流转过程较为复杂，通过流转图可以简化清晰：

①马玮（哥）没有取得该厂房所有权，其处分厂房为"无权处分"。②兴平公司是否构成善意取得？[不构成，兴平公司是法人，通过其机关来表达意志，而马玮（哥）是大股东+董事长，难以说明兴平公司是善意，所以兴平公司没有取得该厂房所有权]③兴平公司以该厂房出资，是无权处分。④兴平公司无权处分，则大昌公司是否构成善意取得？（不构成，难以说明大昌公司是善意，因为马玮是大昌公司的董事长，以及筹备负责人）→说明两次无权处分，受让人均不符合"善意取得"。所以，马祎（弟）是该厂房的原权利人，可以取回该厂房。

答案：可以。

方法四：简略画出整个案情的法律关系简图，重要信息图形化，避免重复阅读。

同学们平常在做商法主观题的练习时，即有意识地标注关键词、关键句；在阅读案情的同时，即画出整个案情的法律关系图。这样可以排除大量文字的干扰，去粗存精，捕捉有效的案情信息，避免重复或反复阅读案情。

（1）抓住案情中的"何人何时何事"（who when what）；

（2）复杂案情可用"合并同类项"的方法梳理关系。（下文"案例带写"会有示范）

二、写作套路

在商法主观题中，一般会有三种不同的设问模式：①"是非类"问题；②"评析类"问题；③"简答类"问题。此外，同一个案情，可以从不同的角度命题，针对不同的提问方法，回答的侧重点也不同。

（一）"是非类"问题

"是非类"问题是最常见的设问题型，针对"是否合法？形成何种法律关系？应当如何处理？"这种题型，首先回答"是（不是）""可以（不可以）""合法（不合法）"，然后说明理由。

[示例]

案情： 2020年3月，A1装饰公司与甲银行签订了100万元的贷款合同。现贷款合同逾期，但A1装饰公司不能清偿，遂发生纠纷。现查明，A1装饰公司、A2房地产公司、A3娱乐公司具有股权关系交叉，A2、A3公司均为李某出资设立，A1、A2、A3三个公司的董事长均是李某。三个公司在同一地址办公、联系电话相同、财务管理人员在一段时期内也相同。在经营过程中，A1装饰公司的上述贷款被大量投入到A3娱乐公司绿源主题公园项目，A1装饰公司大量财产转移至A2房地产公司名下。三个公司还共同为A1装饰公司该笔贷款还本付息。

问题： A1装饰公司不能清偿时，甲银行可以向谁主张权利？

分析：思路1：看案情。 如三个公司是关联公司，虽在工商登记部门登记为彼此独立的企业法人，但实际上相互之间界线模糊，三个公司之间表征人格的因素（人员、业务、财务等）高度混同，导致各自财产无法区分，已丧失独立人格，或者案情中出现"股东过度支配与控制""股东资本显著不足"等情形，则可判定该案的考点为"是否构成人格否认"。

思路2：看设问。 因为公司具有独立人格，原则上公司以自己的财产对公司债务承担责任。所以，只要题目中问到"债权人能否要求公司股东承担责任"，此时就需要考虑到会有两个考查方向：

（1）公司法人人格否认，滥用权利的股东对公司债权人承担连带责任；

（2）股东未缴纳出资或未足额缴纳出资的，需要对公司债权人承担补充赔偿责任。

写作步骤：

◆ ［第1步］给出结论。

◆ ［第2步］结合案情阐述理由。

如果问债权人能否要求该股东承担责任，则回答：股东_____实施了_____

（总结案情中的具体行为，简单表述），其滥用公司法人独立地位和股东有限责任，逃避债务，严重损害债权人_____的利益。因此，债权人_____可以主张适用公司法人人格否认制度，要求股东_____承担连带责任。

答案： 甲银行还可以向 A2 房地产公司、A3 娱乐公司、李某主张承担连带责任。

为矫正有限责任制度在特定法律事实发生时对债权人保护的失衡现象，《公司法》确立了否认公司独立人格的规则，即由滥用公司法人独立地位和股东有限责任的股东对公司债务承担连带责任。本案中，A1 等三个公司之间表征人格的因素高度混同，并由实际控制人李某控制，导致各自财产无法区分，并且该行为严重损害了公司债权人甲银行的利益，是故债权人甲银行可以向 A2 房地产公司、A3 娱乐公司、李某主张承担连带责任。

（二）"评析类"问题

"评析类"问题属于"是非类"题型的升级版，需要对某一案情给出自己的观点并加以分析，给出理由。这类问题首先应当"确定评析对象"，其次应当"写明自己的观点"，最后写出理由。

[示例]

案情： 美森公司成立于 2009 年，主要经营煤炭。股东是大雅公司以及庄某、石某。章程规定公司的注册资本是 1000 万元，三个股东的持股比例是 5：3：2；各股东应当在公司成立时一次性缴清全部出资。大雅公司将之前归其所有的某公司的净资产经会计师事务所评估后作价 500 万元用于出资，这部分资产实际交付给美森公司使用；庄某和石某以货币出资，公司成立时庄某实际支付了 100 万元，石某实际支付了 50 万元。

问题： 应如何评价美森公司成立时三个股东的出资行为及其法律效果？

分析： 首先，要明确什么是"法律、行政法规禁止出资的非货币财产"。根据《市场主体登记管理条例》第 13 条第 2 款的规定，公司股东不得以劳务、信用、自然人姓名、商誉、特许经营权或者设定担保的财产等作价出资。（提示：设定担保的财产，在解除担保后可以作为出资形式）

其次，本案难点是需要判断"净资产能否作为设立公司的出资"。股东出资类型可分为两大类：货币、非货币财产。就非货币财产而言，《公司法》第 27 条第 1 款采取了"列举+概括"的方式，列举了"实物、知识产权、土地使用权"类型。但由于现实中非货币财产种类多样，随着经济发展会出现新的非货币财产，因此，《公司法》第 27 条第 1 款又采取了概括的立法方式，规定满足"可作价+可转让"且不为法律、行政法规禁止作为出资的非货币财产，均可作为设立公司的出资。

写作步骤:

- ◆ [第1步] 确定"评析对象"。
- ◆ [第2步] 写明自己的观点。(写结论)
- ◆ [第3步] 精炼写出大前提。(背诵金句)
- ◆ [第4步] 简略回应案情。(因案情在第1步已点明,此处简单分析即可)

答案:(1)大雅公司以净资产出资合法有效。

根据《公司法》第27条第1款的规定,股东可以用实物、知识产权、土地使用权等可以用货币估价并可以依法转让的非货币财产作价出资。本案案情显示,用于设立美森公司的这些净资产本来归大雅公司所有,经过了会计师事务所的评估作价,且该笔净资产已经实际交付美森公司,所以,应当认为大雅公司履行了自己的出资义务。

(2)庄某、石某均没有完全履行自己的出资义务。庄某按章程应当以300万元出资,但其仅出资100万元;石某按章程应当以200万元出资,但其仅出资50万元。根据《公司法》第28条第2款的规定,二人应当承担继续履行出资的义务及违约责任。

(三)"简答类"问题

在目前允许查阅法条的法考模式下,"简答类"问题是难度最低的题型,因此总体考查频率不高。该类题型和案情几乎没有关联,集中于对一些基本概念、基础制度的考查,考生在考场上找到法条对应位置照抄即可。

[示例]

案情:昌顺有限公司成立于2012年4月,注册资本5000万元,股东为刘昌、钱顺、潘平与程舵,持股比例依次为40%、28%、26%与6%。2014年4月,公司通过股东会决议,将注册资本减少至3000万元,各股东的出资额等比例减少,同时其剩余出资的缴纳期限延展至2030年12月。公司随后依法在登记机关办理了注册资本的变更登记。

问题：昌顺公司减少注册资本依法应包括哪些步骤?

分析： 该问题和案情没有关联，但完整的减少注册资本程序在《公司法》中的分布较为分散。本题的答案至少要包括下列要素：①注册资本变更要经过股东会决议；②减资具体程序，如不可忽视对债权人的保护；③减资完成后，公司注册资本需要办理变更登记。

答案： 包括下列步骤：

（1）要形成2/3以上多数通过的关于减资的股东会决议，即符合《公司法》第43条第2款的要求，形成有效的股东会决议。

（2）编制资产负债表及财产清单。

（3）根据《公司法》第177条第2款的规定，公司应当自作出减资决议之日起10日内通知债权人，并于30日内在报纸上公告。

（4）应向公司登记机关提交相关文件，办理变更登记。登记后才发生注册资本减少的效力。

（5）还应修改公司章程。

写作标准

一、总体要求

答案的总体要求包括：

1. 先定性，再解释；语言简练，力求清晰。

2. 每一问的写作时间约为 3~5 分钟。

3. 涉及较多主体时，可分点作答，或分段列举，力求一目了然。

4. 不要遗漏采分点。（何为正确的、全面的采分点，见下文实例分析）

5. 每一个采分点，1~2 句话分析即可，不要反复分析，不要大段分析。

6. 不管设问是否出现"为什么"，建议均写明理由。

7. 得出否定评价（不可以）时，建议均回答救济手段（即应当采取何种正确方案）。例如，不可主张退股，但可以向其他股东请求承担赔偿责任。

二、写作示范

具体到法律职业资格考试，商法主观题并无公开的统一评分标准。一般而言，要求按照参考答案"采点给分"。那何为必须关注的"采分点"呢？这需要考虑"法律规则（原理）、法律运用、结论、语言表达"等方面。

[示例]

案情： 美森公司成立于 2009 年，主要经营煤炭。股东是大雅公司以及庄某、石某。章程规定公司的注册资本是 1000 万元，三个股东的持股比例是 5∶3∶2，各股东应当在公司成立时一次性缴清全部出资。大雅公司委派白某担任美森公司的董事长兼法定代表人。2012 年开始，公司经营逐渐陷入困境。2013 年 11 月，大雅公司指示白某将原出资的资产中价值较大的部分逐渐转入另一子公司美阳公司。对此，其他股东均不知情。（2016 年商法主观题）

问题： 大雅公司让白某将原来用作出资的资产转移给美阳公司的行为是否合法？为什么？（5 分）

答案： 不合法。公司具有独立人格，公司财产是其人格的基础。股东出资后的资产属于公司而非股东所有，故大雅公司无权将公司资产转移，该行为损害了公司的责任财产，侵害了美森公司、美森公司股东的利益，也侵害了债权人的利益。

采分点	标　准	示　范
结论（1分）	（1）结论正确：1分； （2）结论错误：0分。	——
法律规则（原理）（1分）	（1）没有回答法律规则/错误：0分； （2）准确：1~2分。	即大前提："公司具有独立人格，公司财产是其人格的基础。股东出资后的资产属于公司而非股东所有。"
法律运用（2分）	（1）没有结合案情：0分； （2）有针对性分析：1~2分。	即小前提："故大雅公司无权将公司资产转移，该行为……"
语言表达（1分）	（1）规范准确、简洁精练：1分； （2）其他情形，酌情扣分。	——

提示：一般是每项单独评分。例如，定性错误，那么"结论"这一项是0分，但其他项，如"法律规则（原理）"正确，那么"法律规则（原理）"项仍可得到相应分数。

下面，我们以几份作业（答题）情况举例说明：

作 业 一

答：不合法。大雅公司委派白某担任美森公司的董事长兼法定代表人，当美森公司经营逐渐陷入困境时，大雅公司指示白某将原出资的资产中价值较大的部分逐渐转入另一子公司美阳公司，这不符合我国《公司法》的相关规定。

分　类	标　准		得　分
结论（1分）	正确	1分	1~2分 （提示：这是最常见的丢分情况，看似写了很多字，但却没有采分点）
法律规则（原理）和法律运用（3分）	无	0分 （1）没有写明法律规则或者原理； （2）没有运用法律，直接照搬案情，并无分析。 因此，没有写到采分点。	
语言表达（总计1分）	酌情	0~1分	

作 业 二

答：不合法。大雅公司作为股东，将美森公司资产转移，损害了公司的独立人格，损害了公司的责任财产，侵害了美森公司、美森公司股东的利益，也侵害了债权人的利益。

分　类		标　准	得　分
结论（1分）	正确	1分	5分 （提示：直接在案情中分析，需要较高的语言组织能力）
法律规则（原理）和法律运用（3分）	正确	3分 （1）法律规则（原理）准确，"公司独立人格"是主要采分点； （2）运用上述法律规则（原理），解决本案纠纷，逻辑推理适当。	
语言表达（总计1分）	流畅	1分 表述简练、清晰准确。	

作 业 三

答：不合法。《公司法》第3条第1款规定："公司是企业法人，有独立的法人财产，享有法人财产权。公司以其全部财产对公司的债务承担责任。"

本案中，大雅公司出资后的资产属于美森公司而非股东所有，故大雅公司无权将公司资产转移，该行为损害了公司的责任财产，侵害了美森公司、美森公司股东的利益，也侵害了债权人的利益。

分　类		标　准	得　分
结论（1分）	正确	1分	4~5分 （提示：这种写法比较费时间，尤其是简单的案情，会显得啰嗦重复）
法律规则（原理）和法律运用（3分）	正确	3分 （1）法律规则（原理）准确。因为有法条支撑，不会出现缺少采分点的情况。 （2）形式完备，三段论完整，符合"从一般到具体"的逻辑思维方式。运用上述法律规则（原理），解决本案纠纷，逻辑推理准确。	
语言表达（总计1分）	流畅	1分 酌情考虑，略显啰嗦。	

案例带写

在了解一道商法主观题的阅读技巧、问题分类、写作标准之后，我们将通过一道主观题，将前面所述方法和套路落到实处。

[示例] 2010年商法主观题

案情和问题：

2007年2月，甲、乙、丙、丁、戊五人共同出资设立北陵贸易有限责任公司（以下简称"北陵公司"）。公司章程规定：公司注册资本500万元；持股比例各20%；甲、乙各以100万元现金出资，丙以私有房屋出资，丁以专利权出资，戊以设备出资，各折价100万元；甲任董事长兼总经理，负责公司经营管理；公司前5年若有利润，甲得28%，其他四位股东各得18%，从第6年开始平均分配利润。

> （1）在考虑章程条款效力时，要区分可意思自治事项、强制性条款不允许意思自治事项；
>
> （2）注意数字：持股比例相同，但分红比例不同。

问题1：北陵公司章程规定的关于公司前5年利润分配的内容是否有效？为什么？

至2010年9月，丙的房屋仍未过户登记到公司名下，但事实上一直由公司占有和使用。

> 房屋交付但未过户：出题方向必是出资瑕疵的法律责任。

问题2：丙作为出资的房屋未过户到公司名下，对公司的设立产生怎样的后果？在房屋已经由公司占有和使用的情况下，丙是否需要承担违约责任？

公司成立后1个月，丁提出急需资金，向公司借款100万元，公司为此召开临时股东会议，作出决议如下：同意借给丁100万元，借期6个月，每月利息1万元。丁向公司出具了借条。虽至今丁一直未归还借款，但每月均付给公司利息1万元。

> 抽逃出资和关联交易（借款）的区分，关键是判断是否"违反法定程序将出资抽回"。

问题3：丁向公司借款100万元的行为是否构成抽逃注册资金？为什么？

问题4：北陵公司于2010年8月请求丁归还借款，其请求权是否已经超过诉讼时效？为什么？

千山公司总经理王五系甲好友，千山公司向建设银行借款1000万元，借期1年，王五请求北陵公司提供担保。甲说："公司章程规定我只有300万元的担保决定权，超过了要上股东会才行。"王五说："你放心，我保证1年到期就归还银行，到时候

> 考点：公司担保的效力。

与你公司无关，只是按银行要求做个手续。"甲碍于情面，自己决定以公司名义给千山公司的贷款银行出具了一份担保函。

问题5： 北陵公司是否有权请求法院确认其向建设银行出具的担保函无效？为什么？

戊不幸于2008年5月地震中遇难，其13岁的儿子幸存下来。

问题6： 戊13岁的儿子能否继承戊的股东资格而成为公司的股东？为什么？

北陵公司欲向农业银行借款200万元，以设备作为担保，银行同意，双方签订了借款合同和抵押合同，但未办理抵押登记。

问题7： 如北陵公司不能偿还农业银行的200万元借款，银行能否行使抵押权？为什么？

2010年5月，乙提出欲将其股份全部转让给甲，甲愿意受让。

问题8： 乙向甲转让股份时，其他股东是否享有优先受让权？为什么？

2010年7月，当地发生洪水灾害，此时北陵公司的净资产为120万元，但尚欠万水公司债务150万元一直未还。北陵公司决定向当地的一家慈善机构捐款100万元，与其签订了捐赠合同，但尚未交付。

问题9： 北陵公司与当地慈善机构的捐赠合同是否有效？为什么？万水公司可否请求法院撤销北陵公司的上述行为？为什么？

注意：是否越权担保？担保合同是否有效？

（1）"遇难"意指自然人股东死亡；

（2）不要遗漏"13岁"这个信息（即股东是否必须为完全民事行为能力人）。

民法考点：合同效力。（反映了"融合考查"的趋势）

（1）乙和甲均为公司股东；

（2）考虑股权内部转让的规则。

民法考点：合同效力；债权撤销。

关系图解：

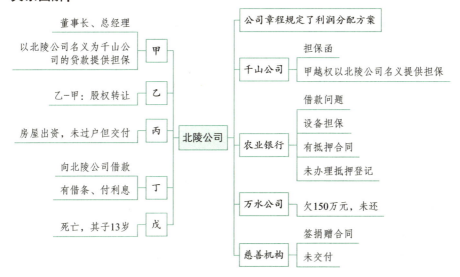

问答 ▶▶▶

1. 北陵公司章程规定的关于公司前5年利润分配的内容是否有效？为什么？

参考答案 有效。有限责任公司具有人合性，股东之间信任程度较高。为了维系这种关系，股东享有更多的意思自治。《公司法》允许有限责任公司章程对利润作出不按出资比例的分配方法。

2. 丙作为出资的房屋未过户到公司名下，对公司的设立产生怎样的后果？在房屋已经由公司占有和使用的情况下，丙是否需要承担违约责任？

参考答案

（1）公司可有效设立。在认缴资本制度下，设立有限责任公司需要有符合公司章程规定的全体股东认缴的出资额，并不需要股东实缴出资。所以，丙的出资违约行为不影响公司的设立。

（2）丙应当承担违约责任。根据《公司法》第28条第1款的规定，以非货币财产出资的，应当依法办理其财产权的转移手续。本案中，丙因其作为出资的房屋未过户而构成出资违约，除应当向公司足额缴纳外，丙还应当向已按期足额缴纳出资的股东承担违约责任。

3. 丁向公司借款100万元的行为是否构成抽逃注册资金？为什么？

参考答案 不构成。抽逃出资是指未经法定程序将出资抽回的行为。本案中，北陵公司就丁的借款形成了有效的股东会决议，且该借款合同条款明确，符合《民法典》第668条规定的借款合同的要件，形成了丁对北陵公司的债务，而不能认定为"虚构债权债务关系"。丁不构成抽逃出资。

4. 北陵公司于2010年8月请求丁归还借款，其请求权是否已经超过诉讼时效？为什么？

参考答案 未超过。因为丁作为债务人一直在履行债务。

5. 北陵公司是否有权请求法院确认其向建设银行出具的担保函无效？为什么？

参考答案 需要分情况讨论：

（1）如果建设银行在订立担保合同时对董事会决议或者股东会决议进行了合理审查，则可认定其构成善意，北陵公司需要承担担保责任；

（2）如果建设银行在订立担保合同时没有审查董事会决议或者股东会决议，则建设银行非善意，担保合同对北陵公司不发生效力。

（2010 年公布答案为："无权。因保证合同是甲与银行之间的合同。"该答案不再符合《担保制度解释》的规定，因为忽视了公司为他人提供担保需要由股东会或董事会决议这一条件。）

6. 戊 13 岁的儿子能否继承戊的股东资格而成为公司的股东？为什么？

参考答案 能够。《公司法》第 75 条规定，自然人股东死亡后，其合法继承人可以继承股东资格；但是，公司章程另有规定的除外。可知，《公司法》并未要求股东为完全民事行为能力人，且本案中，公司章程无另外规定，所以，戊子可因继承成为公司的股东。

7. 如北陵公司不能偿还农业银行的 200 万元借款，银行能否行使抵押权？为什么？

参考答案 能够。根据《民法典》第 396、403 条的规定，企业以生产设备抵押的，抵押权自抵押合同生效时设立；未经登记，不得对抗善意第三人。可知，以设备抵押可以不办理登记。本案中，北陵公司以设备抵押合法有效。

8. 乙向甲转让股份时，其他股东是否享有优先受让权？为什么？

参考答案 不享有。"优先购买权（优先受让权）"制度是为了维护有限责任公司股东之间的"人合性"，该制度适用于"股权对外转让"。本案属于股东之间的转让，因为其不会影响现有股东的"人合性"，所以其他股东无优先购买权。

9. 北陵公司与当地慈善机构的捐赠合同是否有效？为什么？万水公司可否请求法院撤销北陵公司的上述行为？为什么？

参考答案

（1）有效。赠与合同属于诺成合同，双方当事人意思表示一致时，赠与合同即成立。

（2）可以。因北陵公司为不履行债务而无偿转让财产的行为，损害了万水公司的利益，符合《民法典》关于债的保全撤销权的条件。

第二部分 真题集萃

2022 年主观题回忆版

案情：

甲有限责任公司（以下简称"甲公司"）成立于 2015 年 6 月，主要从事软件开发，股东分别为 A、B、C、D、E，各股东的持股比例依次为 55%、26%、11%、5%、3%，公司董事长兼法定代表人为 A。公司运行状况良好，产品开发也很成功。甲公司成立后一直未对股东分红，对此，E 很有意见，遂打算将其股权转让给经营相同业务的乙公司，并与乙公司进行了初步洽谈。为便于其股权估价，2019 年 5 月，E 提出查账要求，要求查阅甲公司成立后所有的会计账簿。A 得知 E 转让股权的意图后，以乙公司与甲公司经营相同业务，E 查账具有不正当目的为由拒绝提供查阅。

2019 年 12 月，A 为担保其对丙公司所负 2 年期借款债务的履行，将其所持甲公司 27% 的股权转让给丙公司，并约定在 A 到期不偿还借款本息时，丙公司有权以该股权优先受偿。但在双方达成约定后，A 并未为丙公司在甲公司的登记中办理相应的股东登记。

2020 年 3 月，A 召集股东会，提议：第一，A、B、C、D、E 五人在甲公司之外，再行设立"丁合伙企业（有限合伙）"，A 为普通合伙人，其余四人均为有限合伙人（决议一）；第二，A 对丁合伙企业的出资为其所持甲公司 54% 的股权，其余各合伙人的出资为各自所持甲公司的全部股权（决议二）。就该项提议，除 E 表示强烈反对外，其余股东均表示赞同，遂形成了相应的股东会决议。

2020 年 5 月，丁合伙企业成立，合伙人分别为 A、B、C、D。甲公司股东的持股比例相应变更为：A 持股 1%，丁合伙企业持股 96%，E 持股 3%；公司的法定代表人仍为 A。

2022 年初，A 无法清偿其对丙公司的债务，丙公司遂就丁合伙企业所持甲公司 27% 的股权，主张优先受偿。

问题：

1. 甲公司拒绝 E 的查阅请求是否合法？为什么？

2. 如何评价股东 A 和丙公司之间的约定？请说明理由。

3. 甲公司形成的设立丁合伙企业的股东会决议（决议一）是否有效？为什么？

4. 甲公司形成的将其股东股权转入丁合伙企业的股东会决议（决议二）是否有效？为什么？

5. 对甲公司股东会决议持反对意见的 E 能否向甲公司主张股权回购请求权？为什么？

6. 丙公司的优先受偿请求是否合理？为什么？

▣ 案情分析

考查角度一：判断公司拒绝股东查账的理由是否正当

对应案情： 股东 E 欲将其股权转让给和甲公司经营相同业务的乙公司，为了便于合理评估股权价值，E 向甲公司提出查阅会计账簿的请求，但被甲公司以"查账具有不正当目的"为由拒绝。

知识要点：

根据《公司法》第 33 条第 2 款以及《公司法解释（四）》第 8 条的规定，公司有合理根据认为股东查阅会计账簿有不正当目的，可能损害公司合法利益的，可以拒绝提供查阅。此处"不正当目的"，包括：股东自营或为他人经营与公司主营业务有实质性竞争关系业务，但公司章程另有规定或全体股东另有约定的除外；股东为了向他人通报有关信息查阅公司会计账簿，可能损害公司合法利益等情形。

股东有权查阅或者复制公司特定文件材料，这是股东的基本权利之一，是股东行使其他权利的基础。如果股东无法了解公司经营的透明度，则无法主张分红权等其他权利。但在保护股东该项知情权的同时，又要防止股东随意干涉公司的独立经营，给公司经营造成不必要的损害。所以《公司法》既规定了股东的查阅、复制权，又对股东行使该项权利进行了必要的限制。

本案中，股东 E 为了便于合理评估股权转让价值而请求查账，由于我国法律并未禁止具有竞争关系方成为股权受让人，并且，只有对股权价值合理评估，才能完成股权转让的交易，因此，甲公司不能证明股东 E 有不正当目的，现有案情也不能证明股东 E 的查账请求"可能损害公司合法利益"，甲公司的拒绝理由不正当。然而，在实际操作中，甲公司可能担心向股东 E 提供会计账簿会导致商业秘密被泄露给竞争对手乙公司。为了平衡这种情况，甲公司可以采取一定的保密措施，如要求股东 E 签署保密协议等，以确保敏感信息不会被泄露。

总之，甲公司应当尊重股东 E 查阅会计账簿的权利，并采取适当的保密措施，而不能直接拒绝股东 E 查阅会计账簿的请求。

考查角度二：确定是否构成股权让与担保协议，确定债权人是否享有优先受偿权，股权无权处分的处理

对应案情：股东 A 向丙公司借款，为担保丙公司的债权，A 将持有的股权转让给丙公司，但双方没有办理股权变更登记。后 A 又将其股权转让给丁合伙企业。现丙公司向丁合伙企业主张优先受偿权。

知识要点：

让与担保协议，是指债务人或者第三人与债权人约定将财产形式上转移至债权人名下，债务人不履行到期债务，债权人有权对财产折价或者以拍卖、变卖该财产所得价款偿还债务的协议。根据《担保制度解释》第 68 条第 1 款的规定，该约定有效。并且，在有效的让与担保合同下，只有当事人已经完成财产权利变动公示的，债权人才享有《民法典》规定的有关担保物权，才可主张优先受偿。

首先，结合上述法律规则，可以确定本案的债务人 A 和债权人丙公司构成（股权）让与担保关系。虽然当事人没有完成股权变动的公示，但这并不影响让与担保合同的有效性。

其次，股权让与担保是以股权转让的形式达到担保目的，并没有成为公司股东的合意，故不会导致股东资格发生实质变化，不产生股权确认及变更效力。本案中，A 将其股权又出资设立了丁合伙企业（类似于将股权转让给丁合伙企业）并无不妥，债权人丙公司可以追究债务人 A 的违约责任，但无权向丁合伙企业主张权利。

考查角度三：现有股东以持有的公司股权设立有限合伙企业，该股东会决议效力如何确定

对应案情：甲公司拟设立采取有限合伙企业形式的持股平台，现有股东由直接持股转变为间接持股，但股东 E 反对该决议。

知识要点：

现有股东将股权转让至新设的有限合伙企业，该企业作为持股平台，可以满足资产管理、风险分散和节税的需求。在现行《公司法》和《合伙企业法》的框架下，这种安排是被允许的。本案股权结构如下图：

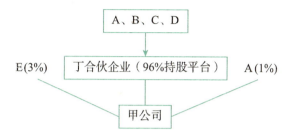

本案涉及两个决议：

决议一：全部股东（A、B、C、D、E）共同设立丁合伙企业（有限合伙）。

本案中的新设合伙企业的行为和我们所熟悉的设立合伙企业作为经营实体不同，本案合伙企业的设立不应脱离甲公司而孤立考虑，因其实质是为了搭建甲公司的持股平台，只不过这个持股平台采取了有限合伙企业这种形式而已。所以，甲公司股东会讨论此事，并无不妥。

该决议应当考虑两个方面：

（1）能否新设一个有限合伙企业，取代现有股东的地位，成为甲公司的新股东？答案是"能"。《合伙企业法》允许股权作为设立合伙企业的出资形式。

（2）股东E反对新设丁合伙企业，甲公司股东会能否强制E转让股权？答案是"不能"。根据参与或加入企业组织之自由原则，不得强迫他人成为合伙人。因此，新设的丁合伙企业的合伙人不包括E，该新设丁合伙企业的决议对E不产生效力，E仍然保留甲公司股东的身份。

决议二：实质上是对决议一的细化，进一步明确了设立丁合伙企业时各合伙人的出资比例。由于股东E反对，所以该决议对E不发生效力。

最终，本案丁合伙企业成立后，甲公司仍为股东E持股3%，所以丁合伙企业的设立未改变E以出资比例所形成的在甲公司的股权架构，也未侵害E的现有权利。

可知，该两项决议有效，但由于参与或加入企业组织之自由原则，该两项决议对股东E不发生效力。

问答 ➤➤

1. 甲公司拒绝E的查阅请求是否合法？为什么？

✑ _____

_____

_____

_____

_____

_____

_____

参考答案 不合法。

查阅会计账簿是有限责任公司股东的一项重要权利，该项权利只有当公司有合理根据认为股东查账有不正当目的（股东和公司主营业务具有实质性竞争关系，股东查账是为了向他人通报有关信息等），可能损害公司合法利益时方可拒绝。

本案中，股东 E 查账是因股权转让需合理评估股权转让价值，这是完成股权转让交易的必要前提，并且，我国法律并未禁止具有竞争关系方成为股权受让人。另外，现有案情也不能证明股东 E 的查账目的是"向他人通报有关信息"。因此，甲公司的拒绝理由不正当。

2. 如何评价股东 A 和丙公司之间的约定？请说明理由。

✑ _____

_____

_____

_____

_____

_____

_____

参考答案 该约定的性质为股权让与担保协议，约定合法有效。根据《担保制度解释》第 68 条第 1 款的规定，当事人之间通过合同约定，债务人将财产（股权）形式上转移至债权人名下，但目的是为债务清偿提供担保的，构成让与担保。即使没有办理财产变更手续，该约定也仍然有效，只是债务人不履行到期债务时，债权人无权就财产折价或者以拍卖、变卖该财产所得价款优先受偿。

3. 甲公司形成的设立丁合伙企业的股东会决议（决议一）是否有效？为什么？

参考答案 决议有效，但对股东 E 不产生效力。

第一，该案股东会的召集程序和表决方式无明显瑕疵，股东会决议内容为现有股东将其股权出资设立丁合伙企业，其目的是搭建一个持股平台，成为甲公司的股东，所以股东会讨论此事并无不妥。并且，股权作为设立合伙企业的出资形式为《合伙企业法》所允许。因此，该决议有效。

第二，根据参与或加入企业组织之自由原则，当 E 反对上述设立丁合伙企业的决议时，不得强迫 E 成为合伙人，也不得强迫 E 转让其股权。因此，该决议对 E 不产生效力，E 仍然保留甲公司股东的身份。

4. 甲公司形成的将其股东股权转入丁合伙企业的股东会决议（决议二）是否有效？为什么？

参考答案 决议有效，但对股东 E 不产生效力。

决议二的内容为确定设立丁合伙企业时各合伙人的出资比例和合伙人的身份，实质上是对决议一的细化。根据上一问的分析，甲公司股东会讨论此事并无不妥，且符合会议召集程序和表决方式。并且，丁合伙企业的设立未改变 E 以出资比例所形成的在甲公司的股权架构，也未侵害 E 的现有权利，因此，该决议有效。

由于 E 明确反对成为合伙人，因此不可强迫其参与或加入企业组织，该决议对 E 不产生效力。

5. 对甲公司股东会决议持反对意见的 E 能否向甲公司主张股权回购请求权？为什么？

参考答案 不能。公司具有独立的法人地位，股东的出资款形成了公司的法人财产，股权回购请求权的行使对象仅限于《公司法》第 74 条第 1 款所列明的三种情形（即公司连续 5 年不分红决议，公司合并、分立或转让主要财产决议，公司存续上的续期决议）下，对股东会决议有异议的股东。本案中，E 仅是反对设立丁合伙企业作为股权受让平台，不符合上述可回购情形。

[提示：有同学认为甲公司设立丁合伙企业，实质为转让公司的主要财产，持有异议的股东可主张公司回购。该观点的错误在于本案转让的是 A、B、C、D 各股东持有的股权，股权是公司股东依法享有的"资产收益、参与重大决策和选择管理者等权利"（《公司法》第 4 条），该项权利不属于"公司"。因此，甲公司设立丁合伙企业并非转让公司的主要财产。]

6. 丙公司的优先受偿请求是否合理？为什么？

✍

参考答案　不合理。本案债务人 A 和债权人丙公司达成有效的股权让与担保协议，是以股权转让形式达到担保目的，不产生股东实质变更的效力，债务人 A 将该股权转让给丁合伙企业，不构成无权处分。另外，由于作为担保财产的股权没有进行变更登记，债权人丙公司不享有向债务人 A 主张优先受偿的权利，更无权向丁合伙企业主张优先受偿权。

2021 年主观题回忆版（统考卷）

案情：

甲公司有自然人股东 A、B、C、D 和法人股东 E 公司。股东 A 缴纳了认缴的全部出资；股东 B、C、D 均缴纳了认缴的一半出资，并承诺剩余出资在 5 年内缴足；E 公司以一栋价值 300 万元的厂房进行出资。

甲公司章程规定，由董事长担任公司的法定代表人。E 公司的法定代表人张三被任命为甲公司的董事长，同时，张三也是甲公司的法定代表人。后经查证，E 公司用于出资的厂房实为李四所有，但是因为登记错误，登记在了 E 公司名下，张三对此知情。李四向甲公司主张返还该厂房。

股东 B 向第三人赵六借款。为了担保股东 B 按期还款，双方约定股东 B 将其持有的甲公司股权转移至赵六名下。同时，双方还约定，债务到期后，若股东 B 按期还款，则赵六归还股权；若股东 B 到期不还款，则股权归赵六所有。因此，赵六被记载到股东名册，并且变更了工商登记。

甲公司召开股东会讨论公司利润分配方案。因公司章程对如何进行分红没有约定，一部分股东主张按照认缴出资比例行使表决权，另一部分股东主张按照实缴出资比例行使表决权，对此出现分歧，无法达成一致意见。

2021 年 7 月，因公司内部治理出现问题，甲公司经 E 公司法定代表人张三的提议召开了股东会。经张三提名并经股东会全体股东过半数表决权通过，决议由巫旺担任公司总经理及法定代表人，并办理了变更登记。

巫旺接任公司后，甲公司的经营状况持续恶化。后因股东之间的矛盾，甲公司召开董事会。在合同到期之前，董事会一致通过决议，将巫旺解聘。巫旺对该解聘决议表示不服。

问题：

1. E 公司用于出资的房产，甲公司能否善意取得？为什么？
2. 股东 B 和赵六约定，若债务到期后，股东 B 不还款，则股权归赵六所有。该约定是否有效？为什么？

3. 股东 B 将股权转让给赵六时，其他股东是否可以主张优先购买权？为什么？

4. 甲公司的法定代表人是否有效变更为巫旺？为什么？

5. 甲公司对分红决议进行表决，应当如何计算表决权的比例？为什么？

6. 董事会解聘总经理巫旺的决议是否有效？为什么？

案情分析

本案法律关系图解如下：

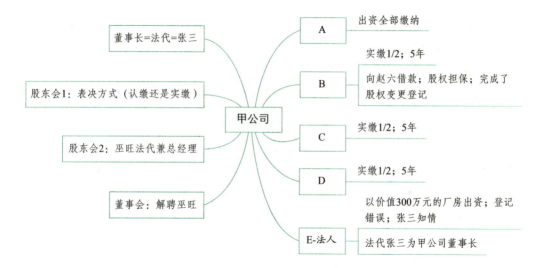

考查角度一：以不享有所有权的财产出资的处理

对应案情： 股东 E 公司的法定代表人张三是甲公司的董事长、法定代表人。E 公司用于出资的厂房实为李四所有，但是因为登记错误，登记在了 E 公司名下，张三对此知情。需要判断当股东以不享有所有权的财产出资时，受让公司主观上的善恶。

知识要点：

1. 根据《公司法》的出资规则，股东可以用货币、实物、知识产权、土地使用权等非货币财产作价出资。本案中的厂房属于"实物"，应当办理财产权转移至甲公司的手续。

2. 本案中，E 公司以不享有处分权的厂房出资，构成无权处分。对于该出资行为效力产生争议的，参照《民法典》第 311 条关于"善意取得"的规定认定。因此，重点要判断受让人（甲公司）主观上是否为"善意"。若受让人（甲公司）为善意，则可取得该厂房的所有权；反之，则由厂房所有权人（李四）收回厂房。

《公司法解释（三）》第7条第1款规定："出资人以不享有处分权的财产出资，当事人之间对于出资行为效力产生争议的，人民法院可以参照民法典第311条的规定予以认定。"

3. 张三身份特殊，他既是E公司的法定代表人，又被任命为甲公司的董事长和法定代表人。甲公司的法定代表人（张三）之"恶"，能否被推定为甲公司之"恶"？这是解答本问的核心。

虽然公司是独立法人，具有独立实施民事法律行为的资格，但公司毕竟是一个商事组织，是一个团体，不能像自然人一样具有思想，所以公司的行为能力必须通过公司的法人机关（股东会、董事会）来形成决议，并由法定代表人来实施。因此，公司的主观心态是否善意，也需要通过其机关（如董事会、法定代表人、主要发起人、控股股东等）的行为来反映。可以说，法定代表人（或实际控制人、控股股东）的主观恶意即视为其所代表的公司的恶意。

因此，本案中，甲公司不符合善意取得的条件，不能取得该厂房的所有权。

考查角度二：股权让与担保纠纷

本题第2、3问均考查"股权让与担保"。

对应案情：债务人（B）与债权人（赵六）约定"不还借款，则要股权"，即将财产（本案为股权）形式上转移至债权人名下，当债务人不履行到期债务时，财产归债权人所有，并且当事人已经完成了财产权利变动的公示。

知识要点：

1. 解决该类纠纷的关键是对债务人和债权人在借款合同中约定的股权转让条款的定性，判断该条款是股权转让，还是股权让与担保。

股权让与担保，是指债务人或者第三人与债权人约定将财产形式上转移至债权人名下，债务人不履行到期债务，债权人有权对财产折价或者以拍卖、变卖该财产所得价款偿还债务。（《担保制度解释》第68条第1款）所以本案是典型的"名义上为转让股权，实质上为借款提供担保"，应当定性为"让与担保"的法律关系。

2. 在让与担保的法律关系中，由于财产转让（本案为股权）并非当事人签订合同的目的，而是为债务提供担保，因此要遵守关于担保的所有规则，包括"禁止流质"的规则。具体到本案，由于该股权是担保物，因此，约定债务人不履行到期债务，股权归债权人所有的，应当认定该约定无效（但是不影响当事人有关提供担保的意思表示的效力）。

3. 在股权让与担保中，虽然当事人已经完成了财产权利变动的公示（本案完成了股权变更登记），但是该股权转让的目的是"为某笔债务提供担保"，此为当事人之间签订该股权转让协议的真实意思表示。从当事人之间的真实法律关系考虑，既然没有股权转让的意思表示，则无《公司法》规定的其他股东享有优先购买权的适用空间。

总而言之，"股权让与担保"应遵守"担保"的所有规则，而非"财产转让"的规则。

考查角度三：股东认缴的出资未届履行期限，对未缴纳部分的出资是否享有以及如何行使表决权

对应案情：综合第一、四自然段，股东 B、C、D 的剩余出资在 5 年内缴足。现未届出资期限，股东会讨论公司利润分配方案，一部分股东主张按照认缴出资比例行使表决权，另一部分股东主张按照实缴出资比例行使表决权。此时就需要判断该次股东会决议如何计算表决权。

知识要点：

本题的常见错误回答为："根据《公司法》第 34 条的规定，股东按照实缴的出资比例分取红利。所以，该次股东会决议应当按照实缴出资比例行使表决权。"

上述错误在于审题不仔细。因为本题没有要求大家回答"如何分红"，而是要求回答"如何表决"，即当股东认缴的出资未届履行期限时，未缴纳部分的出资是否享有以及如何行使表决权。

根据《九民纪要》第 7 点的规定，出资未届履行期限，股东表决规则包括：

1. 股东认缴的出资未届履行期限，对未缴纳部分的出资是否享有以及如何行使表决权等问题，应当根据公司章程来确定。

2. 公司章程没有规定的，应当按照认缴出资的比例确定。

3. 如果股东（大）会作出不按认缴出资比例而按实际出资比例或者其他标准确定表决权的决议，股东请求确认决议无效的，人民法院应当审查该决议是否符合修改公司章程所要求的表决程序，即必须经代表 2/3 以上表决权的股东通过。符合的，人民法院不予支持；反之，则依法予以支持。

考查角度四：股东会决议规则

对应案情：综合第二、五自然段，本题中，甲公司章程规定了法定代表人只能由董事长（张三）担任，但现股东会决议由总经理（巫旺）担任法定代表人。此时就需要考虑该股东会决议是否要经过特别表决权（2/3 以上表决权）通过。

知识要点：

本案中，甲公司章程规定"由董事长担任公司的法定代表人"，但现在股东会

作出决议，"由总经理担任法定代表人"，股东会决议的内容和公司章程不符。就该股东会决议的效力判断，有三种观点：

[观点一] 股东会决议为"可撤销决议"。理由是：根据《公司法》第22条第2款的规定，股东会、董事会决议内容违反公司章程的，股东可以自决议作出之日起60日内，请求人民法院撤销。本案因决议"内容违反章程"，属于"可撤销决议"。（本书认为，该观点不适合本案。《公司法》第22条第2款将"可撤销决议"的决定权交由"股东"，当属股东权利受到决议损害的救济手段。本案更换法定代表人，属于公司生产经营事项，并未直接涉及股东利益。）

[观点二] 经代表2/3以上表决权的股东通过，该决议有效。理由是：《公司法》第13条规定，公司法定代表人依照公司章程的规定，由董事长、执行董事或者经理担任，并依法登记。据此可知，"法定代表人"要满足两个条件：①只能在董事长、执行董事、经理中产生；②要符合公司章程要求。本案中，公司章程原规定是由董事长担任法定代表人，现欲变更为总经理担任法定代表人，属于修改章程。此时，根据《公司法》第43条第2款的规定，股东会会议作出修改公司章程的决议，必须经代表2/3以上表决权的股东通过。（本书采用这种观点）

[观点三] 经代表1/2以上表决权的股东通过，该决议有效。理由是：从公司治理的效率原则出发，只有对公司经营造成特别重大影响的事项才需要经代表2/3以上表决权的股东通过。不宜将所有针对公司章程条款的修改，均僵化为由股东会特别决议的方式来实现。并且，根据《公司法》第13条的规定，法定代表人本就可由经理担任。故本案对该项公司章程条款的修改只需要一般表决权，即1/2以上表决权通过即可。（本书没有采用这种观点）

[扩展案例]

在另一个涉及法定代表人更改的案例中，公司章程直接规定某特定人担任法定代表人，并将该人姓名记载于公司章程。现发生变更法定代表人纠纷。

案情：A公司章程规定，公司法定代表人由董事长李某担任。该章程已经工商部门登记。由于公司经营需要，A公司现召开股东会，作出免去李某董事长职务，改由张某担任公司董事长并担任公司法定代表人的决议。该决议经过代表56%表决权的股东通过，但李某表示反对，其认为修改公司章程应当经过代表2/3以上表决权的股东通过，该决议才能生效。

问题：该公司是否有效变更法定代表人？（或问：股东会决议效力如何确定？）

参考答案：有效变更，股东会决议有效。

裁判要点：

公司法定代表人一项虽属公司章程中载明的事项，但对法定代表人名称的变更在章程中体现出的仅是一种记载方面的修改，形式多于实质，且变更法定代表人时是否需修改章程是工商管理机关基于行政管理目的决定的，而公司内部治理中由谁担任法定代表人应由股东会决定，只要不违背法律法规的禁止性规定就应认定有效。从立法本意来说，只有对公司经营造成特别重大影响的事项才需要经代表 2/3 以上表决权的股东通过。（来源：新疆维吾尔自治区高院：新疆豪骏贸易有限公司、张某某与乌鲁木齐市祥平实业有限公司、乌鲁木齐市祥平房地产开发有限公司公司决议撤销纠纷再审案）

提示：该案和 2021 年商法主观题 B 组第 4 问有一定的差异。该案是将姓名直接记载于公司章程中，虽然法定代表人姓名发生了变化，但其身份没有发生变化，后者仍是董事长身份。但 2021 年商法主观题是"身份发生变化"，后者并非"董事长"而是"经理"。本书认为，该项公司章程记载内容的变更应当经过代表 2/3 以上表决权的股东特别决议更为妥当。

问答

1. E 公司用于出资的房产，甲公司能否善意取得？为什么？

参考答案 甲公司不能善意取得。

根据《公司法解释（三）》第 7 条第 1 款的规定，出资人以不享有处分权的财产出资，当事人之间对于出资行为效力产生争议的，人民法院可以参照《民法典》第 311 条"无权处分，善意取得"的规定予以认定。本案中，E 公司的出资行为构成无权处分，张三对登记错误知情，而张三既是 E 公司的法定代表人，同时也是甲公司法定代表人，其主观恶意视为其所代表公司的恶意。因此，甲公司不符合善意取得的条件。

2. 股东 B 和赵六约定，若债务到期后，股东 B 不还款，则股权归赵六所有。该约定是否有效？为什么？

🖋 _____

参考答案 股权归属的约定无效。

　　本案当事人之间通过股权转让合同设定的具有担保功能的权利义务关系，构成股权让与担保的法律关系。该"股权转让"仅是"形式上"的转让，本质上是为债务清偿提供担保。依据担保的原理，当事人双方约定，在债务人不履行到期债务或者出现约定的事由时，债权人主张享有股权的，该约定无效。但是，该约定无效不影响当事人有关提供担保的意思表示的效力。

3. 股东 B 将股权转让给赵六时，其他股东是否可以主张优先购买权？为什么？

🖋 _____

参考答案 其他股东没有优先购买权。

　　《公司法》第71条在股权对外转让时赋予其他股东优先购买权的立法目的是维护有限公司的人合性。而在股权让与担保的法律关系中，"股权转让"仅是"形式上"的转让，该种"股权转让"的本质是为债务清偿提供担保，债权人仅为"名义股东"，双方并无股权转让的意思表示，不会破坏有限公司的人合性，所以，其他股东没有优先购买权。

4. 甲公司的法定代表人是否有效变更为巫旺？请说明理由。

参考答案 没有变更。

　　根据《公司法》第13条的规定，公司法定代表人依照公司章程的规定，由董事长、执行董事或者经理担任，并依法登记。因此，对于变更法定代表人的决议，应当审查其是否符合修改公司章程所要求的表决程序，即必须经代表2/3以上表决权的股东通过。

　　本案中，甲公司原法定代表人为张三，现在要变更为巫旺，应当满足修改公司章程的表决比例。而案情显示，该决议仅经股东会全体股东过半数表决权通过，表决结果未达到《公司法》规定的修改公司章程的通过比例，属于尚未成立的决议。因此，甲公司的法定代表人没有变更。

5. 甲公司对分红决议进行表决，应当如何计算表决权的比例？为什么？

参考答案 应当按照认缴出资比例行使表决权。

　　根据我国公司资本制度的原理，在注册资本认缴制下，股东依法享有出资的期限利益。股东认缴的出资未届履行期限，对未缴纳部分的出资是否享有以及如何行使表决权等问题，应当根据公司章程来确定。公司章程没有规定的，应当按照认缴出资的比例确定。本案中，甲公司章程对如何进行分红并没有另作约定，因此，股东应当按照认缴出资比例行使表决权。

6. 董事会解聘总经理巫旺的决议是否有效？为什么？（4分）

参考答案 有效。

　　本案中的决议内容为"董事会解聘公司经理"，属于《公司法》第46条规定的董事会职权。公司内部法律关系由公司自治机制调整，司法机关原则上不介入公司内部事务。至于总经理任期是否届满以及该项决议作出的事实理由，不是法院审查的范围。并且，甲公司章程未对董事会解聘公司经理的职权作出限制，也未规定未到合同期限不得解除。所以，决议内容有效。

　　决议程序方面，本案决议由董事会一致通过，会议召集程序和表决方式无明显瑕疵。

　　所以，该项决议内容合法并且程序无明显瑕疵，是有效决议。

2021年主观题回忆版（延考卷）

案情：

艺风公司成立于2014年，注册资本为100万元，张某和赵某是股东，分别持有70%、30%的股权，约定2024年出资完毕。张某任执行董事和法定代表人，赵某任监事。为公司经营发展需要，章程约定董事不领取报酬，公司前3年不进行分红。

2016年，艺风公司决定引入新的股东华云公司。对此，张某、赵某、艺风公司、华云公司另行签订投资协议，约定华云公司投资2000万元，持有20%的股权，于2016年6月和10月分两次出资，每次出资1000万元，并约定张某和赵某应于2016年6月出资完毕。投资协议还约定，若未按时履行出资，守约方有权解除协议。

华云公司在缴纳第一期出资后办理了股权登记。华云公司派出刘某和王某担任艺风公司董事，刘某、王某、张某组成董事会，赵某担任监事。2016年8月，刘某在某次投标活动中故意填错艺风公司投标书上的数字，导致刘某的同学所在的公司中标。张某知道后，和刘某大吵一架。赵某主张对刘某提起诉讼，张某说事后再议。张某和赵某向华云公司提出解除刘某和王某的董事职务，华云公司同意解除刘某的职务，但不同意解除王某的职务。后华云公司法定代表人杨某向艺风公司提出股东不同意继续对艺风公司投资，原因是张某和赵某未按时履行出资义务，且因张某和赵某主张解除投资协议，故华云公司不能按期缴纳第二次的投资款。

2017年4月，张某提出召开股东会，议定事项有三：第一，解除刘某的董事职务；第二，解除王某的董事职务；第三，解除和华云公司的投资协议。2017年6月，华云公司参加股东会，会上对第一项决议表示同意并签署意见，但对第二、三项决议表示反对并拒绝签署该两项决议。

此后，张某和赵某找到新的投资人，向华云公司发送了解除投资协议的通知，将华云公司前期投入的1000万元退还给了华云公司，并申请注销华云公司的股东身份。

问题：

1. 华云公司投资的2000万元是否必须计入注册资本？

2. 刘某的行为如何定性？其应当向艺风公司承担何种责任？

3. 艺风公司章程中有关不分红和董事不领取报酬的规定是否合法？

4. 艺风公司股东会决议中第二、三项内容是否成立？是否有效？

5. 张某和赵某是否可以解除投资协议？

6. 艺风公司是否可以要求注销华云公司的股东身份？艺风公司将1000万元直接退还给华云公司的行为是否合法？

▶ 案情分析

本案法律关系图解如下：

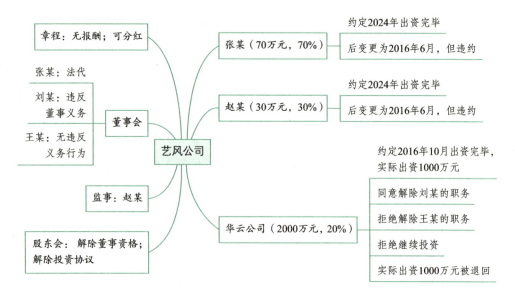

考查角度一：公司溢价增资投资款在财务上的处理

对应案情：综合第一、二自然段，艺风公司的注册资本为100万元，华云公司的增资款为2000万元，但仅持有20%的股权。

知识要点：

在公司实务中，当公司规模处于快速增长期或者公司具有积极发展前景时，公司常会通过增资扩股的方式引入新的投资者，外部投资者因为看好公司前景，愿意以较高的价格购买原始股东的股权。一般情况下，原始股东与投资者会参考一定的标准（如评估的净资产值等），确定拟增资公司的价值，以此为依据确定投资者认购增资的价款。这就产生了"溢价增资"的问题。既然是"溢价"，说明该部分增资没有全部计入注册资本。那么，投资者多余的投资款在财务上如何处理？这涉及资本公积金制度。

1. 资本公积金，是指企业收到投资者投入的超出其在企业注册资本（或股本）中所占份额的投资，以及直接计入所有者权益的利得和损失、留存收益等。

《公司法》

第34条 ……公司新增资本时，股东有权优先按照实缴的出资比例认缴出资。但是，全体股东约定……不按照出资比例优先认缴出资的除外。（提示：说明我国允许溢价增资）

第167条 股份有限公司以超过股票票面金额的发行价格发行股份所得的溢价款以及国务院财政部门规定列入资本公积金的其他收入，应当列为公司资本公积金。（提示：该条是针对股份公司的，但依据《企业会计准则——基本准则》的规定，企业，包括有限公司均适用）

2. 从上述概念可以看出，对于投资者实际缴付的出资超过注册资本的差额，企业应当作为资本公积金进行管理。

3. 具体到本案，艺风公司的注册资本为100万元，引入的新股东华云公司投资2000万元，持有艺风公司20%的股权。

下面，我们计算这2000万元投资款如何影响公司的注册资本金额。

设 x 列入注册资本，则 $x \div (100 + x) = 20\%$，可以得出：$x = 25$ 万元。

所以，华云公司的2000万元投资款，其中，25万元列入艺风公司的注册资本，其余部分列入资本公积金。由此可知，艺风公司增资后的注册资本为125万元。

从另一个角度分析更加直观，即：如果华云公司的2000万元增资款全部计入注册资本，则华云公司的持股比例为2000/2100，该比例将远远大于20%。这说明艺风公司原始股东的股份涨价了。例如，原始股东设立公司时是1万元占股1%，现在公司有了盈余或更好的前景，后进入的股东要15万元才能占股1%。

考查角度二：董事、高管对公司承担的义务

对应案情： 艺风公司董事刘某故意填错公司投标书上的数字，导致刘某的同学所在的公司中标。由于刘某的身份特殊（董事），因此应如何确定其行为是否违反法定义务？如何追究其责任？

知识要点：

根据《公司法》第147条第1款的规定，董事、监事、高级管理人员应当遵守法律、行政法规和公司章程，对公司负有忠实义务和勤勉义务。

该段案情涉及下列基础知识：

1. 根据《公司法》第148条第1款的规定，董事、高级管理人员不得有下列

行为：

（1）挪用公司资金；

（2）将公司资金以其个人名义或者以其他个人名义开立账户存储；

（3）违反公司章程的规定，未经股东（大）会或者董事会同意，将公司资金借贷给他人或者以公司财产为他人提供担保；

（4）违反公司章程的规定或者未经股东（大）会同意，与本公司订立合同或者进行交易；

（5）未经股东（大）会同意，利用职务便利为自己或者他人谋取属于公司的商业机会，自营或者为他人经营与所任职公司同类的业务；

（6）接受他人与公司交易的佣金归为己有；

（7）擅自披露公司秘密；

（8）违反对公司忠实义务的其他行为。

2. 违反上述义务的主体应当承担的责任：

（1）董事、高级管理人员违反上述规定所得的收入应当归公司所有；（《公司法》第 148 条第 2 款）

（2）董事、监事、高级管理人员执行公司职务时违反法律、行政法规或者公司章程的规定，给公司造成损失的，应当承担赔偿责任；（《公司法》第 149 条）

（3）若公司拒绝起诉或者怠于起诉，则会引发股东代表诉讼。（《公司法》第 151 条第 2 款）

[扩展案例]

案情： 刘鹏是公司的董事长。由于股东间的矛盾日益加剧，对于公司的内部管理，董事间彼此推诿，刘鹏多次建议无效，逐渐心灰意冷，也无心公司事务，使得公司随后的一项投资失败，损失 100 万元。

问题： 公司可否主张刘鹏对该笔损失承担全部赔偿责任？

参考答案： 不能。董事等执行公司职务时违反法律、行政法规或者公司章程的规定，给公司造成损失的，应当承担赔偿责任。本案中，刘鹏"无心公司事务"，可以说他是消极不作为，但尚未达到"违法、违规、违章"的程度。所以，公司无权要求其承担全部赔偿责任。

提示： 该上述扩展案例中，董事（高管）并未出现谋取公司商业机会、和公司进行交易、违法担保、违法资金借贷等行为，没有违反法律、行政法规和公司章程的规定，尚不能认定其违反法定义务。

考查角度三：公司章程条款是否合法

对应案情： 艺风公司章程约定董事不领取报酬，公司前 3 年不进行分红。（第

一自然段)

知识要点:

公司章程是公司内部活动的主要依据,有限责任公司强调意思自治,允许公司章程对公司内部事务作出合理安排。但同时,《公司法》也有强制性规范,某些事项不允许章程作出其他规定。这就涉及"自治性"和"强制性"如何平衡的问题。

根据现行《公司法》及相关司法解释的规定,部分事项属于强制性规范,有限责任公司章程不得违反法律规定。本书将常考事项总结如下:

1. 公司为公司股东或者实际控制人提供担保的,必须经股东会或者股东大会决议。(《公司法》第 16 条第 2 款)

2. 股东会会议作出修改公司章程、增加或者减少注册资本的决议,以及公司合并、分立、解散或者变更公司形式的决议,必须经代表 2/3 以上表决权的股东通过。(《公司法》第 43 条第 2 款)

3. 董事会决议的表决,实行一人一票。(《公司法》第 48 条第 3 款)

4. 有限责任公司设监事会,其成员不得少于 3 人。(《公司法》第 51 条第 1 款)

5. 公司应当提取法定公积金,公司利润应当按照法定顺序分配。(《公司法》第 166 条第 1、4 款及第 168 条第 1 款:公司分配当年税后利润时,应当提取利润的 10% 列入公司法定公积金。公司弥补亏损和提取公积金后所余税后利润,可向股东分红。资本公积金不得用于弥补公司的亏损。)

6. 公司需要减少注册资本时,必须编制资产负债表及财产清单。(《公司法》第 177 条第 1 款)

7. 公司章程、股东之间的协议不得实质性剥夺股东查阅或者复制公司文件材料的权利。(《公司法解释(四)》第 9 条)

具体到本案,艺风公司章程约定"不分红"并未违反公司利润分配顺序的法定强制性规范;章程约定董事不领取报酬属于公司内部管理事项,并未违反《公司法》强制性规定。所以,公司章程条款有效。

考查角度四:股东会(董事会)决议的效力

对应案情:第四自然段案情显示,股东会决议事项包括解除刘某、王某的董事职务,解除和华云公司的投资协议。华云公司(20% 股权)对决议事项部分同意,部分反对。

知识要点:

股东会、董事会决议的问题,需要从决议内容和决议程序两方面分析。

首先,分析该决议是否成立。判断标准为:是否存在程序重大瑕疵,该瑕疵是否导致决议没有达到法定最低合意。

根据《公司法解释（四）》第5条的规定，存在下列情形之一的，当事人可主张决议不成立：

1. 公司未召开会议的。（未开会）

2. 会议未对决议事项进行表决的。（未表决）

3. 出席会议的人数或者股东所持表决权不符合《公司法》或者公司章程规定的。（相当于未开会）

4. 会议的表决结果未达到《公司法》或者公司章程规定的通过比例的。（相当于未表决）

5. 导致决议不成立的其他情形。

具体到本案，股东会已经合法召开，并且华云公司仅占20%的股权，即使其反对，其他股东的表决结果也达到了《公司法》规定的通过比例，所以该决议已经成立。

其次，分析该决议的效力。

已经成立的决议，依据决议内容和决议程序可划分为有效决议、无效决议、可撤销决议。

1. 有效决议

（1）决议内容合法，并且作出决议的程序合法；

（2）会议召集程序或者表决方式仅有轻微瑕疵，且对决议未产生实质影响的，该决议有效，股东不可请求撤销该决议。

[例] A公司召开股东会，讨论增加注册资本。该次会议所有股东均参加且表决合法，但会议记录仅有大股东B和记录员签字，其他人未签字。如无其他情形，该决议是有效决议。

2. 无效决议是指决议内容违反法律、行政法规。

[例] 公司股东会决议分配本年度利润时，未弥补上年度亏损、未纳税、未提取法定公积金而直接向股东分红。该决议因为"内容违反《公司法》强行性规定"，是无效决议。

3. 可撤销决议，由股东决定是否行使撤销权。其包括：

（1）会议的召集程序、表决方式违法、违规或违反章程；

（2）决议的内容违反章程。

具体到本案，股东会决议的内容有两项：

第一，更换董事。股东会有权选举和更换非由职工代表担任的董事、监事，决定有关董事、监事的报酬事项。（《公司法》第37条第1款第2项）所以，该事项属于股东会职权范围。

第二，更改投资计划。股东会有权决定公司的经营方针和投资计划。（《公司法》第 37 条第 1 款第 1 项）所以，该事项也属于股东会职权范围。

因此，股东会作出的上述两项决议内容均属合法，且股东会决议程序无明显瑕疵，股东会决议有效。

考查角度五：增资协议被合法终止后，是否要向股东退还增资款

对应案情：华云公司（投资方）依据投资协议缴纳第一期出资并办理了股权登记，但该投资协议被解除，艺凤公司能否以此次增资的前提基础消失为由，将增资款退还给华云公司？

知识要点：

公司在增资时，一般会先与投资方签订《增资协议》，约定增资金额、增资款项的用途、出资时间、违约责任等相关内容。但在随后进行的对公司增资过程中，可能会出现一方欺诈或其他履行增资协议瑕疵，导致《增资协议》解除。

显然，投资方增资的基础协议的解除适用《民法典》第 566 条的规定，但协议解除的后果，即公司能否将出资款直接退回股东的问题不能一概而论。

请先看与本案类似的一个案例：

案情：投资方 A 公司与萱草公司及其原始股东签订《增资协议》，约定 A 公司投资 2000 万元，其中部分款项作为对萱草公司的增资，部分款项作为萱草公司的资本公积金。A 公司履行了增资义务。之后，萱草公司未按约定办理股东变更登记，也未将该笔增资款在工商登记部门办理变更登记，且将增资款改变用途。A 公司遂向萱草公司发出《终止增资协议通知函》，并诉请萱草公司全额返还增资款。

问题：《增资协议》解除后，A 公司能否要求返还 2000 万元的增资款？

结论：最高人民法院认为，增资款尚未在工商登记部门办理变更登记时，公司债权人尚无需要保护的信赖利益，此时解除《增资协议》并请求返还增资款，并不涉及因抽逃出资或不按法定程序增资损害公司债权人利益的问题。故 A 公司有权要求返还增资款。

提示：《增资协议》依据《民法典》的规定解除后，投资人可否要求返还增资款项？关键在于增资款是否进行了工商变更登记。

1. 未进行工商变更登记的，可直接要求公司返还增资款项。

2. 若经过了公司章程修改及工商变更登记，其股东身份、认缴数额、股权比例及公司注册资本均已对外公示，在增资款已转化为公司资本的情况下，应当适用《公司法》关于公司资本维持的特别规定，投资人不可任意抽回出资。（《公司法》第 35 条规定："公司成立后，股东不得抽逃出资。"）在股权转让、目标公司完成法定减资程序或解散等情形后，投资人方可取回投资款。此种情形，不能仅依据

《民法典》中关于合同解除的规则"恢复出资原状",还应当适用作为特别法的《公司法》的相关规定,也即要符合减资等法定程序。

问答 ▶▶

1. 华云公司投资的 2000 万元是否必须计入注册资本?

参考答案 不必全部计入注册资本。

本案中,艺风公司的注册资本为 100 万元,如果将华云公司 2000 万元的投资全部计入注册资本,则华云公司的持股比例将远远超过 20% 的比例,这表明艺风公司是通过溢价增资引入新的投资者。根据《公司法》第 167 条的规定,超过新增注册资本的部分应作为资本溢价计入公司的资本公积金。

2. 刘某的行为如何定性?其应当向艺风公司承担何种责任?

参考答案 刘某擅自更改艺风公司的投标文件，利用职务便利为他人谋取属于公司的商业机会，其行为违反了董事的忠实义务和勤勉义务。根据《公司法》第148、149条的规定，刘某应当向艺风公司承担赔偿责任，并且，其违法所得应当归入公司。

3. 艺风公司章程中有关不分红和董事不领取报酬的规定是否合法？

参考答案 合法。

公司盈余分配是公司自主决策事项，是公司或股东基于自身的知识与经验作出的商业判断，基于有限责任公司封闭性和人合性的特点，由公司章程对公司利润分配作出某些限制性规定，系公司意思自治的体现。

另外，基于公司与董事之间为"委托关系"，根据《公司法》第37条第1款第2项的规定，董事的报酬由股东会决定。因此，无偿委托，也就是董事不领取报酬的规定是合法的。

4. 艺风公司股东会决议中第二、三项内容是否成立？是否有效？

参考答案 决议中第二、三项内容成立，且是有效决议。

根据《公司法》第 22 条第 1、2 款和《公司法解释（四）》第 5 条的规定，股东会决议的效力一般从决议内容、会议召集程序、表决方式等方面进行综合认定。

本案中，2017 年 6 月，艺风公司召开股东会并合法表决，所以该决议成立。关于决议效力的判断，第二项决议内容为"解除王某的董事职务"，这本就属于股东会的职权且股东会罢免董事具有无因性，故该项内容不违法；第三项决议内容为"解除和华云公司的投资协议"，由于华云公司拒绝缴纳后续出资，艺风公司有权依据投资协议解除投资关系，该解约内容没有违反法律、行政法规的强制性规定。决议程序上，虽然华云公司表示反对，但其持股比例仅为 20%，这意味着决议经 80% 表决权通过，该表决比例达到"2/3 以上表决权通过"的要求。所以，决议中第二、三项内容合法有效。

5. 张某和赵某是否可以解除投资协议？

参考答案 张某和赵某无权解除投资协议。

依据投资协议的约定，一方未按时履行出资的，守约方有权解除协议。据此，行使解除权需满足两个条件：华云公司违约且张某和赵某遵守了投资协议的约定。

本案中，虽然华云公司拒绝缴纳后续出资，但张某和赵某也没有在 2016 年 6 月之前认缴全部出资，因此，二人并非守约方，其解除投资协议的主张是不成立的。

6. 艺风公司是否可以要求注销华云公司的股东身份？艺风公司将 1000 万元直接退还给华云公司的行为是否合法？

参考答案

（1）不可要求注销华云公司的股东身份。

股东身份是基于向公司投资形成的"公司–股东"之间的法律关系。投资协议属于基础法律关系，其是否解除与股东身份并不必然相关联。根据《公司法解释（三）》第17条的规定，仅当股东未履行出资义务或者抽逃全部出资，经公司催告并在合理期间内仍未缴纳或者返还出资时，公司才有权以股东会决议解除该股东的股东资格，并且，公司还需完成减资等相关程序。

本案中，华云公司已经缴纳部分出资款并办理了股权登记，且不符合被公司除名的规定。所以，即使投资协议被解除，华云公司的股东身份也不必然被注销。

（2）艺风公司直接将投资款退还给华云公司的行为不合法。

依据公司的法人性原理，股东向公司已缴纳的出资无论是计入注册资本还是计入资本公积金，其本质上都为股东出资后形成的公司资产，股东可以通过行使股权等方式收回投资款，但不得抽回出资。同理，艺风公司也无权直接退回相应的出资款项，其需要经过法定减资程序方可向股东返还投资款。

本案中，华云公司已经办理股权变更登记，且其增资款也经过工商部门办理了登记，艺风公司未履行合法的减资程序即退还华云公司增资款的行为损害了公司债权人的利益，违反了资本维持的原则。所以，艺风公司直接将投资款退还给华云公司的行为不合法。

2020 年主观题回忆版

案情：

国有企业改制，成立甲公司。甲公司有张一、关二、刘三、工会（已登记法人，代表甲公司职工持股）四个股东，持股比例分别为：26%、15%、8%、51%。张一担任董事长和法定代表人，关二担任总经理，工会（另一回忆为"职工代表大会"）委派职工曹四、袁五担任甲公司董事，与张一、关二、刘三组成董事会。

曹四将其股权转让给公司以外的第三人董六，未告知工会。工会知情后，召开工会会议，撤销了曹四在甲公司的董事资格，推选了另外一位职工赵七担任董事。工会将决议抄送甲公司。甲公司由于一直在处理增资事项，没有对曹四的董事资格问题作出处理。

甲公司经营状况良好，欲与乙公司达成战略合作。甲公司与乙公司约定：甲公司定向增资3000万元，全部由乙公司认缴。增资款分三期实缴，合同签订后支付第1期股款200万元，办理股权变更登记后支付第2期股款800万元，第3期增资在甲公司上市后足额缴纳。乙公司增资以后，持有甲公司60%的股权。此次增资全部用于甲公司上市。

甲公司就上述增资协议召开股东会：①关二、刘三不同意该增资方案；②刘三主张优先认缴500万元的增资份额；③因国企改制持股比例为0.05%的职工股东黄十一主张按照其持有的股权比例优先认缴增资份额；④其他股东同意该增资方案。股东会最终通过该增资方案。

乙公司登记为甲公司股东，委派潘八到甲公司担任法定代表人。乙公司在完成第2期出资的3天后，指示甲公司法定代表人潘八与乙公司的全资子公司丙公司签订无息借款700万元的合同，期限为8年。

后乙公司经营陷入困境。1年多以来，乙公司与甲公司原有股东因经营理念不合等，矛盾加剧。甲公司原有股东在未通知乙公司的情况下，召开股东会，通过了解除乙公司股东资格的决议。

问题：

1. 职工股东曹四将股权转让给董六的行为是否有效？为什么？

2. 工会撤销曹四董事资格的决议是否对甲公司产生其董事资格丧失的效力？

3. 甲公司股东会关于由乙公司增资的决议，效力如何？

4. 刘三、黄十一关于认缴增资的主张，是否能够得到支持？

5. 甲公司法定代表人潘八与乙公司的全资子公司丙公司签订的借款合同是否具有法律效力？应当如何处理？

6. 甲公司解除乙公司股东资格的股东会决议效力如何？为什么？

案情分析

本案法律关系图解如下：

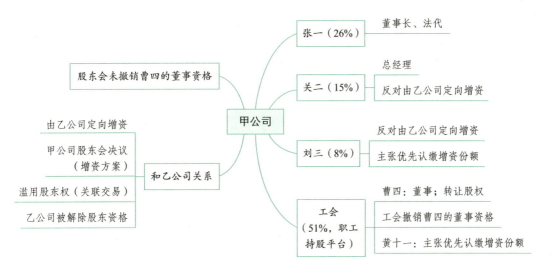

考查角度一：工会作为股东，与其代表的职工的关系

对应案情： 工会代表甲公司职工持股。现公司职工曹四拟将其股权转让给第三人董六。另外，工会作出撤销曹四董事资格的决议。这均涉及工会和内部职工的关系。（第 1、2 问）

知识要点：

本题中，工会作为职工持股平台，代表持股员工行使股东权利，维护持股员工合法权益。这和我们熟悉的出资人（职工）自己持股方式不同，也不同于《公司法解释（三）》规定的"实际出资人-名义股东"的代持股方式。（目前职工持股平台模式尚在探索中）

1. 关于职工能否直接转让股权。（本题第 1 问）

该问题可以从两个角度考虑：

角度一："工会"为甲公司的股东，而职工姓名未记载于股东名册，故职工无权直接将股权转让给第三人。

案情告知，在甲公司改制时，已经设计了工会代替原全体职工持股的方案，所以"工会"是公司股东，而职工并未直接和甲公司产生持股关系，其是通过"工会或其他持股平台"间接和甲公司产生持股关系。因此，即使曹四的身份为甲公司的"董事"，其也不能处分"工会"名下的股权，此系无权处分（或无权代理）。

角度二：因为该类股东需要具备"劳动者"的身份，故股权不能转让给第三人。

2016 年《关于国有控股混合所有制企业开展员工持股试点的意见》（该意见未列入考试范围，仅供大家了解）对"混改"试点，要求员工持股要与岗位和业绩紧密挂钩，参与持股人员应当与本公司签订劳动合同。

甲公司国企改制，采取员工持股方案，曹四因为和甲公司建立了劳动合同关系得以成为甲公司的股东，这是一种基于"劳动者身份"获得的股权，其转让具有特殊性，一般要求员工将所持股份进行内部转让，即转让给持股平台、符合条件的员工等特殊主体。由此可知，在国企改制"员工持股"的问题上，因为涉及"职工身份"，所以这类股权转让不能照搬《公司法》规定的第 71 条的股权转让规则。

另外，最高人民法院指导案例 96 号"宋文军诉西安市大华餐饮有限公司股东资格确认纠纷案"中，裁判规则支持章程"人走股留"条款："大华公司进行企业改制时，宋文军之所以成为大华公司的股东，其原因在于宋文军与大华公司具有劳动合同关系，如果宋文军与大华公司没有建立劳动关系，宋文军则没有成为大华公司股东的可能性。同理，大华公司章程将是否与公司具有劳动合同关系作为取得股东身份的依据继而作出'人走股留'的规定，符合有限责任公司封闭性和人合性的特点，亦系公司自治原则的体现，不违反公司法的禁止性规定。"

2. 关于工会撤销曹四董事资格的决议，是否可等同于甲公司股东会决议？（本题第 2 问）

根据以上分析可知，"工会"为公司"股东"，工会决议撤销其推举的董事相当于工会作出了"股东提交更换董事代表"的议案，该议案仍要提交给甲公司股东会表决。所以，该工会决议不能直接产生甲公司更换董事的后果。

考查角度二：公司增资时股东的优先认缴权

对应案情：甲公司因为经营规模扩大需要引进外部投资者，拟全部由乙公司认缴（定向增资）。如何保护现有股东的股权不受稀释？职工股东能否越过持股平台

（工会）直接向甲公司主张股东权？（第3、4问）

知识要点：

1. 股东会会议作出增加或者减少注册资本的决议，根据《公司法》第43条第2款的规定，必须经代表2/3以上表决权的股东通过。

本案中，尽管各股东对是否引进战略投资者尚存分歧，但股东会已经形成了资本多数决的意见（张一、工会合计持股比例77%），且决议内容符合法律规定。因此，该股东会决议有效。

2. 如果甲公司增资改变了现有股东的持股比例，如何保护现有股东的权利？

（1）一般情形：实现"不同比增资（定向增资）"，需要经过全体股东同意。（根据《公司法》第34条的规定，公司新增资本时，股东有权优先按照实缴的出资比例认缴出资。但是，全体股东约定不按照出资比例优先认缴出资的除外。）

本案中，虽然由乙公司定向增资的决议经过了代表2/3以上表决权的股东通过，但是"2/3以上表决权的股东同意"针对的是各股东同比例增资的表决机制。若按照同比例增资的表决机制通过定向增资方案，势必会损害现有股东已经形成的股权结构，导致"小股东"更"小"，更容易遭受大股东的排挤。所以，要实现"不同比增资（定向增资）"，需要经过全体股东同意。

（2）特殊情形：在职工通过持股平台间接持股的模式下，该职工不能直接向公司主张股东权，也即无权主张优先认缴增资。

本案中，工会代表甲公司职工持股并被登记为股东，所以职工个人并未直接持有甲公司的股份，黄十一无权直接向甲公司主张权利，其优先认缴增资的主张不能得到支持。

考查角度三：关联交易是否构成抽逃出资

对应案情：乙公司在对甲公司第2期出资完成后很短的时间内即指示甲公司法定代表人潘八和乙公司的全资子公司丙公司签订长期、无息的借款合同，那么，该行为是否构成抽逃出资？

知识要点：

1. 甲公司-丙公司之间的借款关系，不能认定为是股东（乙公司）抽逃出资的手段。

抽逃出资，是指未经法定程序，股东将其出资抽回的行为。根据《公司法解释（三）》第12条的规定，公司成立后，相关股东利用关联交易将出资转出且损害公司权益的，可认定该股东抽逃出资。

在现实中，股东有可能和公司之间发生借贷关系或商业往来，可以借鉴国家工商行政管理总局的答复[1]："依照《公司法》的有关规定，公司享有由股东投资形成的全部法人财产权。股东以出资方式将有关财产投入到公司后，该财产的所有权发生转移，成为公司的财产，公司依法对其财产享有占有、使用、收益和处分的权利。公司借款给股东，是公司依法享有其财产所有权的体现，股东与公司之间的这种关系属于借贷关系，合法的借贷关系受法律保护，公司对合法借出的资金依法享有相应的债权，借款的股东依法承担相应的债务。因此，在没有充分证据的情况下，仅凭股东向公司借款就认定为股东抽逃出资缺乏法律依据。"

据此可知，由于公司是独立法人，享有独立的对法人财产的处分权，因此，只要是具有"真实商业目的"的交易，均应认定为是公司之间的合法交易。只有是"以抽回出资为目的"的关联交易，才宜认定为"抽逃出资"。

2. 甲公司-丙公司之间的借款合同，应认定为关联交易合同。

关联关系，是指公司控股股东、实际控制人、董事、监事、高级管理人员与其直接或者间接控制的企业之间的关系，以及可能导致公司利益转移的其他关系。但是，国家控股的企业之间不能仅因同受国家控股而具有关联关系。

本案中，甲公司和丙公司均受乙公司控股，二者之间的借款合同可能导致甲公司利益转移，故二者之间具有关联关系，甲公司和丙公司之间的借款合同可认定为关联交易合同。

即使是关联交易合同，其效力判断的依据仍为《民法典》。本案中，甲公司和丙公司之间的借款合同符合借款合同的要求，未出现恶意串通等导致合同无效或可撤销的情形，故该合同有效。

3. 关联交易损害公司利益的处理

因为关联交易可能损害公司利益，所以更加强调公平。例如，尽管该交易已经履行了信息披露、经股东会同意或者符合公司章程规定的程序，但如果违反公平原则，损害公司利益，则公司依然可以主张行为人承担损害赔偿责任。

《公司法》第 21 条　公司的控股股东、实际控制人、董事、监事、高级管理人员不得利用其关联关系损害公司利益。违反前款规定，给公司造成损失的，应当承担赔偿责任。

本案中，虽然甲公司-丙公司之间借款合同有效，但由于"无息""长期"，这会损害甲公司的利益，因此，甲公司可请求控股股东、董事等人员赔偿所造成的损失。

---

［1］《国家工商行政管理总局关于股东借款是否属于抽逃出资行为问题的答复》（工商企字［2002］第180号，现已失效）。

知识扩展：最高人民法院指导案例 33 号"瑞士嘉吉国际公司诉福建金石制油有限公司等确认合同无效纠纷案"裁判要点：债务人将主要财产以明显不合理低价转让给其关联公司，关联公司在明知债务人欠债的情况下，未实际支付对价的，可以认定债务人与其关联公司恶意串通、损害债权人利益，与此相关的财产转让合同应当认定为无效。

该指导案例和本题的案情不同。上述指导案例中，在无法清偿到期债务的情形下，债务人仍将主要财产以明显低于市场价格转让，且交易对方是自己的关联公司，这应当被认定为"没有真实目的的交易"，符合恶意串通，最终认定为财产转让合同无效。

考查角度四：股东除名决议的效力

对应案情：当股东之间出现重大分歧时，甲公司原有股东在未通知股东乙公司的情况下，召开股东会，通过了解除乙公司股东资格的决议。

知识要点：

就该股东会决议的效力判断，需要从决议内容和决议程序两方面进行分析。

1. 根据《公司法解释（三）》第 17 条第 1 款的规定，解除乙公司股东资格的除名决议的有效，要满足以下两个条件：

（1）股东未履行出资义务或者抽逃全部出资；

（2）经公司催告缴纳或者返还，该股东在合理期间内仍未缴纳或者返还出资。

《公司法解释（三）》第 17 条第 1 款 有限责任公司的股东未履行出资义务或者抽逃全部出资，经公司催告缴纳或者返还，其在合理期间内仍未缴纳或者返还出资，公司以股东会决议解除该股东的股东资格，该股东请求确认该解除行为无效的，人民法院不予支持。

2. 本题甲公司在作出除名决议时"未通知将被除名的股东乙公司"，有同学认为这属于"决议程序瑕疵，导致决议可撤销"。该观点是错误的，因为公司作出除名决议的"催告"并非该次股东会会议的召集程序，而是属于"除名决议内容"所包含的条件之一。

所以，该除名决议因内容违法，为无效决议。

问答 ▶▶

1. 职工股东曹四将股权转让给董六的行为是否有效？为什么？

参考答案 无效。

本案中，工会作为股东，被记载于股东名册和公司登记文件，职工曹四并未直接和甲公司形成股权关系，因此，曹四将工会名下股权转让给第三人的行为系无权处分（或无权代理）。

并且，曹四是基于"劳动者身份"获得的股权，其转让具有特殊性，一般要求员工将所持股份进行内部转让，即转让给持股平台、符合条件的员工等特殊主体。所以，曹四将其股权转让给第三人董六，二人之间的股权转让协议有效，但董六仍无法取得甲公司的股东资格，也即股权转让行为无效。

2. 工会撤销曹四董事资格的决议是否对甲公司产生其董事资格丧失的效力?[1]

参考答案 不产生。

根据《公司法》第 37 条第 1 款第 2 项的规定，非由职工代表担任的董事应当由

---

[1] 另一回忆版本，第 2 问的问题为："职工代表大会解除对曹四的董事资格的决议，能否导致其董事资格的丧失?"

答案：能。根据《公司法》第 44 条第 2 款的规定，董事会中的职工代表由公司职工通过职工代表大会、职工大会或者其他形式民主选举产生。所以，本案中，职工代表大会解除曹四董事资格的决议有效，会导致其董事资格的丧失。

股东会选举和更换。本案中，工会代表甲公司职工持股，行使股东权利，它是作为职工股权的管理主体，而不能把"工会"等同于"股东会"。当工会决议更换董事时，仍要向股东会提出议案，由股东会表决通过。所以，工会可提出更换董事的议案，但无权撤销曹四的董事资格。

3. 甲公司股东会关于由乙公司增资的决议，效力如何？

[参考答案] 甲公司股东会决议的效力应当分别分析：

（1）股东会决议增资扩股、引入战略投资者乙公司。该部分内容是有效的，因为引入新的投资者，往往是为了公司的发展，当公司发展与公司人合性发生冲突时，应当突出保护公司的发展机会。

（2）股东会决议定向增资3000万元全部由外部投资者乙公司认缴。该部分内容因为侵犯了现有股东的优先认缴权，无效。

4. 刘三、黄十一关于认缴增资的主张，是否能够得到支持？

参考答案

（1）刘三的优先认缴增资的主张不能得到支持。

根据《公司法》第34条的规定，公司新增资本时，股东有权优先按照实缴的出资比例认缴出资。本案中，刘三持有甲公司8%的股权，有权按照8%的比例主张优先认缴权，但其主张优先认缴500万元的增资份额，超出其实缴出资比例，于法无据，故不能得到支持。

（2）黄十一的优先认缴增资的主张不能得到支持。

本案中，工会被登记为股东，由工会代表甲公司职工持股，所以职工个人并未直接持有甲公司的股份。因此，黄十一需要通过工会来间接持股，他无权直接向甲公司主张权利。

5. 甲公司法定代表人潘八与乙公司的全资子公司丙公司签订的借款合同是否具有法律效力？应当如何处理？

参考答案 借款合同有效。应当对甲公司的损失承担赔偿责任。

关于合同效力的判断需要依据《民法典》。本案中，甲公司和丙公司之间的借款合同属于关联交易合同，该类合同并未被禁止，并且，根据题意，未出现恶意串通等导致合同无效或可撤销情形，故该合同有效。

但是，该关联交易合同系由乙公司指示自己委派的法定代表人潘八签订，没有经过甲公司的法定程序，且借款金额巨大，没有利息，借期过长，损害了甲公司的利益。根据《公司法》第21条第1款"禁止公司的控股股东、实际控制人等利用其关联关系损害公司利益"的规定，甲公司可请求控股股东、董事等人员赔偿所造成的损失。

6. 甲公司解除乙公司股东资格的股东会决议效力如何？为什么？

✍

参考答案 该股东会决议无效。

　　根据《公司法解释（三）》第17条第1款的规定，有限责任公司以股东会决议解除股东资格要满足严格的条件，包括"股东未履行出资义务或者抽逃全部出资"以及"经公司催告，其在合理期间内仍未缴纳或者返还出资"。

　　本案中，乙公司并未抽逃全部出资，且案情中未出现甲公司催告的情形，不符合解除股东资格的条件。并且，因为矛盾加剧，甲公司原有股东在未通知乙公司的情况下解除其股东资格，不符合调解协商一致的分歧解决规则。所以，该股东会决议无效。

2019 年主观题回忆版

案情：

甲公司是有限责任公司，成立于 2015 年，注册资本为 8000 万元。A、B、C、D 四家公司作为股东，股东 A 公司持股比例为 51%，股东 B 公司持股比例为 37%，股东 C 公司持股比例为 4%，股东 D 公司持股比例为 8%。四位股东均全额缴纳出资。甲公司的董事会有 5 名成员，分别由 A、B、C 三家公司派员出任，席位比例为 2∶2∶1。其中，B 公司与 E 公司之间存在代持股协议，B 公司代 E 公司持有甲公司 17% 的股权，B 公司自己持有 20% 的股权。B 公司在甲公司董事会的其中一个席位由 E 公司指派王某担任，甲公司召开股东会，王某均参加。甲公司和其他股东均知情，但并未表示反对。

甲公司计划增加出资 2000 万元，全部由投资者乙公司认缴。C 公司同意增资，但提出两项主张：①按照其实缴出资比例行使优先认缴权；②对其他股东放弃的优先认缴部分，主张行使优先认缴权。该主张未获甲公司和其他股东同意。

B 公司将登记在其名下的 20% 的股权为 D 公司设立质权，又将 10% 的股权质押给丙公司。丙公司对 B 公司代持股的事实不知情。两次股权质押均办理了股权质权登记。后 B 公司不能清偿对 D 公司的债务，D 公司遂申请法院拍卖 B 公司质押的 20% 的股权。E 公司知道后，向法院提出异议。

其后，E 公司的债权人丁公司获得法院胜诉判决，向法院申请强制执行。法院在执行过程中，查到 E 公司在甲公司中有实际出资，遂要求执行 B 公司代持的实际上属于 E 公司的股权。

问题：

1. C 公司的第一项主张是否合理？为什么？
2. C 公司的第二项主张是否合理？为什么？
3. D 公司能否取得股权质权？为什么？
4. 丙公司能否取得股权质权？为什么？

5. 若 E 公司在法院审理阶段知道自己的权利受到损害，如何救济？若在执行阶段知道自己的权利受到损害，如何救济？（民诉相关）

6. 若在丁公司对 E 公司股权的执行程序中，B 公司、D 公司、E 公司和丙公司提出执行异议，能否获得支持？为什么？（民诉相关）

▶ 案情分析

本书仅分析和商法相关的第 1~4 问，第 5、6 问请参见刘鹏飞老师《沙盘推演》中对应的主观题解析。

本案法律关系图解如下：

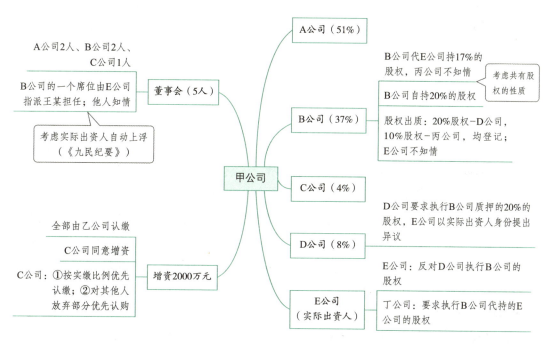

考查角度一：公司增资时的股东优先认缴权

对应案情：甲公司股东会决议增资款项全部由外部投资者乙公司认缴，但甲公司既有股东 C 公司表示反对，C 公司主张所有增资款项由自己来出资。该主张没有得到甲公司和其他股东同意。

知识要点：

当公司经营发展时，为了扩大生产规模或者引入新的市场理念或新的商业模式，公司需要引入新的投资者，而实践中经常采用的手段是通过增加注册资本引入外部投资者。此时，需要平衡保护公司的发展机会和现有股东的股权不被稀释。这就涉及两个问题：

1. 增资时，如何保护现有股东的权利？

根据《公司法》第34条的规定，公司新增资本时，股东有权优先按照实缴的出资比例认缴出资。但是，全体股东约定不按照出资比例分取红利或者不按照出资比例优先认缴出资的除外。该规定的目的是保证现有股东的股权比例在增资后不被稀释。

本案中，甲公司计划增资款项全部由投资者乙公司认缴。《公司法》对外部投资者的增资方式、增资比例没有规定，交由公司根据商业实践自行处理，但对于现有股东在公司增资时的增资比例、出资方式是有规定的。因为有限责任公司重视意思自治，故赋予股东更大的决策空间。在公司新增注册资本时，基本原则是"全体股东约定优先，实缴比例作为补充"。本案中，甲公司章程对增资无规定，故现有股东C公司主张以实缴出资比例行使优先认缴权，符合法律规定。

2. 增资时，现有股东能否对其他股东放弃的优先认缴增资部分主张优先认缴权？

在甲公司计划增资款项全部由外部投资者乙公司认缴的情况下，现有股东C公司主张优先认缴其他股东放弃的增资款项，也即主张所有增资款项均由自己来认缴。C公司该项主张能否得到支持？目前存在两种观点：

[观点一] 对其他股东放弃的优先认缴份额没有优先认缴权。

首先，《公司法》第34条所规定的原股东之优先认缴权，针对的是公司全体股东未另有约定的情形。而且，行使优先认缴权还须遵守另一个限制，即原股东只能按其实缴出资比例，主张对新增资本的相应部分行使优先认缴权。要改变按照"实缴出资比例"增资的计算规则，需要全体股东约定。究其立法意图为在已经充分保护股东优先认缴权的基础上，现有股东在公司增资中利益不会受到损害。本案中，该增资计划并未侵害或妨害现有股东（C公司）的股东地位，也未影响其表决权重，因此不能直接推定C公司在行使"优先认缴权"之外，对其他股东放弃认缴的增资份额可享有"优先认缴权"。

其次，股权转让与增资扩股的决定主体不同，因此，二者对有限责任公司人合性的要求不同。股权转让往往是被动的股东更替，与公司的战略性发展无实质联系，故更加突出保护有限责任公司的人合性；而增资扩股，引入新的投资者往往是为了公司的发展，当公司发展与公司人合性发生冲突时，应当突出保护公司的发展机会。在已经充分保护股东"优先认缴权"的基础上，当股东个体利益与公司整体利益发生冲突时，或者有限责任公司人合性与公司发展发生冲突时，应当由全体股东按照公司章程规定的方式进行决议。

[观点二] 对其他股东放弃的优先认缴份额享有优先认缴权。

该观点认为，公司增加资本时，若允许外部第三人认缴增加的出资，其效果相当于股权对外转让。根据《公司法》第 71 条第 3 款的规定，股权对外转让时，在同等条件下，其他股东享有优先认购权。（提示：该观点不为生效判决所支持，了解即可）

考查角度二：名义股东处分代持股权

对应案情：

（1）B 公司的股权包括"自持 20%+代持 17%"两部分；

（2）对于 B 公司代持 E 公司股权的情况，其他股东知情但并未提出异议；

（3）B 公司设定了两次股权质押，分别质押给了同为股东的 D 公司以及第三人丙公司；

（4）对 B 公司代持一事，D 公司知情，丙公司不知情。

知识要点：

当名义股东将登记于其名下的股权出质时，质权人能否取得该部分股权？此时要考虑受让人是否符合《民法典》第 311 条规定的善意取得的条件。

1. B 公司的股权包括"自持 20%+代持 17%"两部分。由于工商登记的股东仅有"B 公司（名义股东）"，至于具体份额是在代持股协议（内部协议）中写明的。通说认为，认定为"共同共有"更为妥当。

2. E 公司符合"实际出资人显名条件"。E 公司作为实际出资人，若能够提供证据证明有限责任公司过半数的其他股东知道其实际出资的事实，且对其实际行使股东权利未曾提出异议，则可登记为公司股东。（《九民纪要》第 28 点）

3. 名义股东将登记于其名下的股权转让、质押或者以其他方式处分，实际出资人以其对于股权享有实际权利为由，请求认定处分股权行为无效的，人民法院可以参照《民法典》第 311 条的规定处理。（《公司法解释（三）》第 25 条第 1 款）

具体到本案，要区分股权质押是发生在现有股东之间（B 公司-D 公司），还是股东和第三人之间（B 公司-丙公司），以此确定第三人是否为"善意"。

（1）由于 E 公司符合上述"显名条件"，在公司内部，其他股东对 B 公司代持 E 公司股权一事明知，因此，B 公司将其代持的股权质押给股东 D 公司，不能认定 D 公司是善意第三人。故 D 公司不能善意取得该股权。

（2）B 公司将代持的股权质押给丙公司时，受让人丙公司并非"股东"，对 B 公司代持 E 公司股权一事不知情。故丙公司符合"善意取得"的条件。

考查角度三：实际出资人的债权人能否申请强制执行名义股东代持的股权

对应案情：

（1）E 公司（实际出资人）的债权人丁公司向法院申请强制执行；

（2）请求执行 B 公司（名义股东）代持的实际上属于 E 公司的股权。

知识要点：

《九民纪要》指出，在民商事审判中，通过穿透式审判思维，查明当事人的真实意思，探求真实法律关系；特别注意外观主义系民商法上的学理概括，并非现行法律规定的原则，现行法律只是规定了体现外观主义的具体规则，如《民法典》第311 条规定的善意取得、《民法典》第 172 条规定的表见代理、《民法典》第 504 条规定的越权代表……从现行法律规则看，外观主义是为保护交易安全设置的例外规定，一般适用于因合理信赖权利外观或意思表示外观的交易行为。实际权利人与名义权利人的关系，应注重财产的实质归属，而不单纯地取决于公示外观。总之，审判实务中要准确把握外观主义的适用边界，避免泛化和滥用。

本案中，B 公司和 E 公司之间的关系，虽然股权登记在 B 公司名下，但该股权实质上归属于 E 公司，故不能单纯地取决于股权的工商登记。若 B 公司因股权登记在自己名下而提出异议，法院基于外观主义认定 B 公司的异议成立，必然会极大地损害债权人丁公司的合法权益。因此，丁公司可以主张执行 B 公司（名义股东）代持的股权。B 公司若提出执行异议，不能获得支持。

问答 ▶▶▶

1. C 公司的第一项主张是否合理？为什么？

参考答案 合理。

根据《公司法》第 34 条的规定，当公司章程没有另外规定时，公司新增资本的，股东有权优先按照实缴的出资比例认缴出资。该规定可保护有限责任公司股权比例的稳定性，避免出现大股东滥用控制权肆意稀释小股东股权的情形。

本案中，甲公司拟增资 2000 万元，而公司章程未作其他规定，因此，现有股东

C 公司主张按照实缴出资比例优先认缴，其要求合理。

2. C 公司的第二项主张是否合理？为什么？

【参考答案】不合理。

　　《公司法》第 34 条规定，公司新增资本时，股东有权优先按照实缴的出资比例认缴出资。但是，全体股东约定不按照出资比例分取红利或者不按照出资比例优先认缴出资的除外。该规定仅明确了股东在增资时享有"优先认缴权"，以保护现有股东在公司增资中利益不会受到损害。而引入外部投资者（乙公司）往往是为了公司的发展，当公司发展与公司人合性发生冲突时，应当由全体股东按照公司章程规定的方式进行决议，而不能直接推定 C 公司可对其他股东放弃认缴的增资份额享有"优先认缴权"。

3. D 公司能否取得股权质权？为什么？

参考答案 不能取得。[1]

根据《民法典》第 440 条第 4 项、第 443 条第 1 款的规定，债务人或者第三人对有权处分的股权，可以设定质押。质权自办理出质登记时设立。

本案首先要判断 B 公司对该 20% 的股份质权是否为有权处分人。B 公司所持 37% 的股份包括 20% 的自持股份和 17% 的代持股份两部分，但该份额比例仅在代持股协议中约定，在工商登记中并无显示，即全部股权均登记于 B 公司名下。当 B 公司设定质押时，因代持股份和自持股份属于共有，故该质押行为会损害到 E 公司的利益。

其次要判断 D 公司是否为善意。本案中，其他股东对 B 公司代持的事实知情，并且对 E 公司实际行使股东权利未提出异议，因此，在公司内部，E 公司虽然为实际出资人但符合显名的条件。股东 B 公司将股权质押给同为股东的 D 公司，根据《公司法解释（三）》第 25 条第 1 款的规定，D 公司因知情而不符合"善意取得"股权的条件。

4. 丙公司能否取得股权质权？为什么？

参考答案 能够取得。

根据《公司法解释（三）》第 25 条第 1 款的规定，名义股东将登记于其名下的股权转让、质押或者以其他方式处分，法院可以参照《民法典》第 311 条"善意取得"的规定处理。本案中，丙公司并非甲公司股东，其对 B 公司代持股的事实不知情，并且办理了股权质权登记。丙公司符合善意取得的条件，可以取得股权质权。

---

[1] 本题另一答案为："D 公司可以取得股权。理由：B 公司本持有 20% 的股权，其以自持的股权出质，未涉及代持的 E 公司 17% 的股权，未侵害 E 公司的利益，应当有效。"本书认为，代持和自持构成共同共有，在工商登记时没有区分，所以 B 公司的质押行为，不论股份比例多少，均会侵害 E 公司的利益。并且，本题第 5 问考查的是 E 公司如何救济。如果 B 公司仅以自己的股份出质，和 E 公司无关，则 E 公司并非利害关系人，从而无法回答第 5 问的问题。

2018 年主观题回忆版

案情:

林一、赵二、王三成立木道公司,林一是木道公司的法定代表人。林一和赵二在经营木道公司的过程中产生感情,很快发展为热恋模式。

2015 年 4 月,木道公司、林一、赵二、王三、郝四共同成立萱草公司,林一担任董事长和法定代表人,赵二担任公司总经理。萱草公司的注册资本为 5000 万元,木道公司的 2000 万元出资额和郝四的 1000 万元出资额在公司设立时一次性缴足;林一认缴 1000 万元,赵二认缴 500 万元,王三认缴 500 万元,此三人在公司成立后 3 年内缴足。其中,郝四系代他的朋友孙六持股,出资款均由孙六支付,股权实际为孙六所有,两人签了《委托持股协议》并进行了公证。现查明,木道公司和孙六均向萱草公司以账户汇款的方式足额缴纳了出资,汇款单用途栏内写明"认缴股款投资款"。

在萱草公司组建时,赵二告诉林一自己手头没有那么多现金,于是林一分两次从其银行卡汇款 180 万元到赵二的个人账户,赵二当天把 180 万元作为出资款打到萱草公司账户上,汇款单用途栏内写明"投资款"。赵二尚有 320 万元未缴纳。同时,赵二介绍自己的闺蜜刘小妹做萱草公司会计。

2017 年 1 月,王三因急需用钱,遂将其股权转让。经查明,此时其已经向萱草公司账户汇款 100 万元。该次股权转让,萱草公司其他股东均不主张购买。王三最终将股权转让给外人吴某,并告知其未完全缴纳出资的事实。此次股权转让已经办理了股权变更登记。现认缴期限届满,吴某也没有足够的资金缴纳出资。

2017 年 3 月,林一、赵二两人感情破裂,反目成仇。在赵二的指示下,会计刘小妹制作了一份与木道公司的《股权转让协议》,将木道公司所持有的萱草公司的股权转让给刘小妹。在这份协议上,赵二模仿林一签名,并加盖了木道公司的公章。随后刘小妹办理了股权转让登记,但其没有向木道公司支付股权转让款。

2017 年 5 月,刘小妹与厚厚网络公司签订了《股权转让协议》,刘小妹将其持有的萱草公司的股权转让给不知情的厚厚网络公司,后者支付了全部股权转让款,并办理了股权转让登记。

2017 年 7 月,郝四因个人消费向 A 银行贷款,到期不能偿还。A 银行依据生效判决,请求法院强制执行郝四在萱草公司的股权。对此,孙六提出执行异议。

2017年9月，萱草公司因不能偿还银行到期借款3000万元本金及利息，被银行起诉到法院。在该案一审审理期间，银行以股东林一认缴的出资未足额缴纳为由，请求追加林一为被告，主张林一对该笔债务承担连带清偿责任。

问题：

1. 林一以赵二用于出资的180万元是其汇款为由，主张自己是赵二名下股权的实际出资人。该主张是否成立？为什么？

2. 王三将其股权转让给吴某，认缴期限届满，萱草公司可以采取何种救济手段？

3. 赵二与刘小妹签了《股权转让协议》并办理了登记，刘小妹能否取得萱草公司的股权？

4. 厚厚网络公司能否取得木道公司所持有的萱草公司的股权？为什么？

5. 孙六对法院执行郝四的股权提出的案外人执行异议能否成立？为什么？

6. 在银行诉萱草公司清偿贷款纠纷案件中，林一是否应当对萱草公司的债务承担连带责任？为什么？

▶ **案情分析**

本案法律关系图解如下：

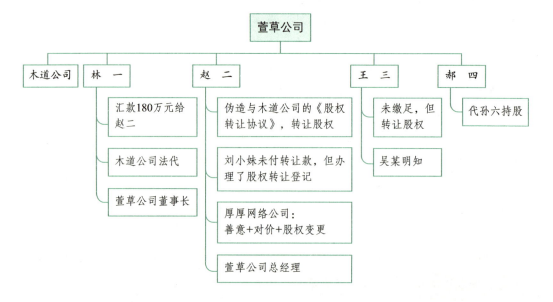

考查角度一：代持股法律关系中股东资格的认定；名义股东持有的股权被强制执行的处理

本案第 1 问和第 5 问均涉及"实际出资人-名义股东"关系。在林一-赵二的关系中，实际出资人林一是否符合显名的条件？其是否可以主张自己是该部分出资的股东？在郝四-孙六的关系中，代持的股权能否被强制执行？这些都是司法实践中常见纠纷，也在《九民纪要》中有所体现。

对应案情：

（1）林一从其银行卡汇款 180 万元到赵二的个人账户，赵二以"投资款"的名义汇入萱草公司账户。

（2）郝四是名义股东，股权实际为孙六所有；名义股东郝四的债权人 A 银行请求法院强制执行其名下股权，实际出资人孙六提出执行异议。

知识要点：

1. 实际出资人显名的条件

在确定股东身份时，应根据当事人的出资情况以及股东身份是否以一定的形式为公众所认知等因素进行综合判断。

本案中，赵二将 180 万元汇入萱草公司的账户，并且汇款单用途栏内写明"投资款"。从形式上来看，赵二为萱草公司的股东。若林一主张自己是实际出资人，并对该部分出资款主张股权，则应当符合"实际出资人能够提供证据证明有限责任公司过半数的其他股东知道其实际出资的事实，且对其实际行使股东权利未曾提出异议"的条件。显然本案未告知其他股东知晓林一实际出资的条件。虽然林一和赵二之间有汇款凭证，但这只能证明二人资金往来的内部关系可认定为二人之间的债权债务关系，而不能直接得出林一是萱草公司"股东"的结论。

《公司法解释（三）》第 24 条第 3 款　实际出资人未经公司其他股东半数以上同意，请求公司变更股东、签发出资证明书、记载于股东名册、记载于公司章程并办理公司登记机关登记的，人民法院不予支持。

2. 本案第 5 问的争议焦点为实际出资人（孙六）以股权所有权人的身份，对法院强制执行名义股东（郝四）代持的、本属于自己的股权提出的案外人执行异议能否得到支持。该纠纷到目前为止，仍然存在争议。司法实践中有两种截然不同的观点：

［观点一］根据《公司法》第 32 条第 3 款的规定和商事外观主义原则，股权代持协议只能约束签订协议的双方，对于合同以外的第三人没有约束力。第三人有权信赖工商登记对股东的形式记载，并可据此请求法院强制执行登记的股东名下的股权。故对实际出资人（案外人）提出的执行异议，法院不应支持。［参见最高人民法院（2016）最高法民申 3132 号《王仁岐与刘爱革、詹志才等申诉、申请民事裁

定书》]

[观点二] 根据《公司法解释（三）》第25条第1款的规定，股权善意取得制度的适用主体仅限于与名义股东存在股权交易的第三人。据此，商事外观主义原则的适用范围不包括非交易的第三人。如果名义股东的债权人仅仅因为债务纠纷而寻查名义股东的财产还债，则并无信赖利益保护的需要。若适用商事外观主义原则，将实质权利本应属于实际出资人的股权用以清偿名义股东的债务，将严重侵犯实际出资人的合法权益。所以，法院应当支持实际出资人的执行异议。[参见最高人民法院（2015）最高法民申字第2381号《中国银行股份有限公司西安南郊支行申请上海华冠投资有限公司执行人执行异议之诉民事裁定书》]

上述两种意见均出自最高人民法院的裁判文书。在考试答题时，同学们只要能合理解释，都可以得分。

《公司法解释（三）》第25条 名义股东将登记于其名下的股权转让、质押或者以其他方式处分，实际出资人以其对于股权享有实际权利为由，请求认定处分股权行为无效的，人民法院可以参照民法典第311条的规定处理。名义股东处分股权造成实际出资人损失，实际出资人请求名义股东承担赔偿责任的，人民法院应予支持。

考查角度二：股权的善意取得制度

因股权具有财产属性，故有限责任公司的股东可以转让其合法持有的股权。但将不享有处分权的股权转让，或未经合法程序转让股权的，应当如何处理？此时，要考虑股权受让人是否符合"善意取得"的条件。

具体到本案，木道公司所持有的萱草公司股权被转让了两次：

1. 第一次股权转让："木道公司→刘小妹"。

案情显示，第一次股权转让并未经过合法程序，是"赵二私下让刘小妹制作了一份股权转让协议……赵二模仿林一签名，并加盖了木道公司的公章。随后刘小妹办理了股权转让登记，但其没有支付股权转让款。"可知，第一次股权转让并非原权利人木道公司的真实意图。并且，根据题意，受让人刘小妹是知情人，主观上不符合"善意取得"的条件。所以，刘小妹不能取得该股权。

2. 第二次股权转让："刘小妹→厚厚网络公司"。

根据以上分析可知，刘小妹未能合法有效取得该股权，故该次股权转让仍是"不享有处分权的人转让"。根据《公司法解释（三）》第7条第1款以及《民法典》第311条的规定，受让人厚厚网络公司能否取得该股权，关键是考虑厚厚网络公司是否符合"善意取得"的条件。案情显示"不知情的厚厚网络公司……支付了全部股权转让款，并办理了股权转让登记"，表明厚厚网络公司可以善意取得刘小妹转让的股权。

考查角度三：是否构成瑕疵股权的转让？转让股东和受让股东是否要对公司承担责任？

对应案情：

（1）出资期限未到；（3年内缴足，即到2018年4月缴足）

（2）2017年，王三将其股权转让给知情的第三人吴某；

（3）出资认缴期限届满，吴某也没有足够的资金缴纳出资。

知识要点：

1. 瑕疵股权的转让，是指股东未履行或者未全面履行出资义务即转让股权。此时，受让人对此知道或者应当知道的，公司可请求该股东履行出资义务，受让人对此承担连带责任。

2. 一个关键的问题是要判断是否构成"瑕疵股权的转让"，特别是在认缴资本制下承认股东出资的期限利益，此时判断股权是否有瑕疵的标准之一是"出资期限"，即超过出资期限可认定为"瑕疵出资股权"。本案中，王三于2017年尚未届满出资期限时转让股权，不能认定为股权有瑕疵。

3. 但是，至出资认缴期限届满，吴某也没有足够的资金缴纳出资。根据《公司法解释（三）》第13条第1款的规定，吴某属于"未履行或者未全面履行出资义务的股东"，此时，公司或者其他股东请求其向公司依法全面履行出资义务的，人民法院应予支持。

《公司法解释（三）》第18条 有限责任公司的股东未履行或者未全面履行出资义务即转让股权，受让人对此知道或者应当知道，公司请求该股东履行出资义务、受让人对此承担连带责任的，人民法院应予支持；公司债权人依照本规定第13条第2款向该股东提起诉讼，同时请求前述受让人对此承担连带责任的，人民法院应予支持。受让人根据前款规定承担责任后，向该未履行或者未全面履行出资义务的股东追偿的，人民法院应予支持。但是，当事人另有约定的除外。

考查角度四：公司债务的清偿（出资瑕疵股东的补充责任）

本案第6问争议焦点是"公司的债权人（银行）"能否向"公司股东（林一）"主张连带赔偿责任。

1. 根据公司法的理论，由于公司是企业法人，独立承担民事责任，一般情况下，股东无需清偿公司的债务。但是，如果股东出现"滥用股东权"（《公司法》第20条）或者"未履行或者未全面履行出资义务"（《公司法解释（三）》第13条），则该股东要承担清偿公司债务的责任。

2. 所以，本案关键是要分析各股东是否存在"滥用股东权"或者"出资瑕疵"的情形。

综合全部案情，本案尚未出现股东"滥用股东权"的事由，因此不能适用"公司法人人格否认"规则，不能由股东林一承担连带责任。

并且，林一的出资缴纳期限为3年，出资期限截止到2018年4月，所以本案中，萱草公司被债权人银行起诉时，林一尚未届至出资期限。再根据案情，萱草公司并未出现"已经破产"或"恶意延长股东出资期限"的情形，所以不能适用《公司法解释（三）》第13条的规定，林一无需对萱草公司的债务承担连带赔偿责任。

《九民纪要》第6点　在注册资本认缴制下，股东依法享有期限利益。债权人以公司不能清偿到期债务为由，请求未届出资期限的股东在未出资范围内对公司不能清偿的债务承担补充赔偿责任的，人民法院不予支持。但是，下列情形除外：

（一）公司作为被执行人的案件，人民法院穷尽执行措施无财产可供执行，已具备破产原因，但不申请破产的；

（二）在公司债务产生后，公司股东（大）会决议或以其他方式延长股东出资期限的。

问答

1. 林一以赵二用于出资的180万元是其汇款为由，主张自己是赵二名下股权的实际出资人。该主张是否成立？为什么？

参考答案 不能。

根据《公司法解释（三）》第24条第3款的规定，实际出资人需要经公司其他股东半数以上同意，请求法院确认自己享有股权的请求才可得到支持。

本案中，赵二将180万元汇入萱草公司的账户，并且在汇款单用途栏内写明"投资款"，从形式上来看，赵二为公司股东。但该汇款凭证只能证明林一和赵二之间资金往来的内部关系可认定为二人之间的债权债务关系，而不能直接得出林一是公司股东的结论。

2. 王三将其股权转让给吴某，认缴期限届满，萱草公司可以采取何种救济手段？

✍ _____

参考答案 萱草公司可以要求吴某承担补足出资的责任。

在认缴资本制下，股东享有出资的期限利益。

本案中，王三在尚未届满出资期限时转让股权，不能认定为股权有瑕疵，故萱草公司不能要求王三承担补足出资的责任。但是，受让人吴某至出资认缴期限届满未全面履行出资义务，根据《公司法解释（三）》第13条第1款的规定，萱草公司有权请求其向公司依法全面履行出资义务。

3. 赵二与刘小妹签了《股权转让协议》并办理了登记，刘小妹能否取得萱草公司的股权？

✍ _____

参考答案 不能。

根据《民法典》第 7 条的规定，民事主体从事民事活动，应当遵循诚信原则。

本案中，赵二将木道公司所持有的萱草公司的股权转让给刘小妹，这并非原权利人木道公司的真实意图，且受让人刘小妹是该股权转让的知情人，难以得出其主观上是善意的结论。所以，刘小妹不能取得木道公司转让的萱草公司的股权。

4. 厚厚网络公司能否取得木道公司所持有的萱草公司的股权？为什么？

参考答案 能够。

本案中，刘小妹将未合法受让的股权转让给厚厚网络公司属于"无权处分"，应当根据《民法典》第 311 条规定的"善意取得"制度处理。本案告知了受让人厚厚网络公司"不知情"且支付了全部股权转让款，并办理了股权转让登记，这表明厚厚网络公司符合善意取得的条件，其可以善意取得刘小妹转让的股权。

5. 孙六对法院执行郝四的股权提出的案外人执行异议能否成立？为什么？

参考答案 能够得到支持。

　　根据《公司法解释（三）》第25条第1款的规定，股权善意取得制度的适用主体仅限于与名义股东存在股权交易的第三人。据此，商事外观主义原则的适用范围不包括非交易的第三人。

　　本案中，申请执行人A银行并非与名义股东郝四从事股权转让交易，其仅仅因为债务纠纷而寻查郝四的财产还债，并无信赖利益保护的需要。若适用商事外观主义原则，将实质权利属于孙六的股权用以清偿郝四的个人债务，将严重侵犯孙六的合法权益。所以，孙六提出的执行异议能够得到法院的支持。

　　[提示：另一观点为：不能得到支持。根据《公司法》第32条第3款的规定，股东的姓名或名称未经登记或者变更登记的，不得对抗第三人。该款所称的"第三人"，并不限缩于与显名股东存在股权交易关系的债权人，名义股东的非基于股权处分的债权人亦应属于法律保护的"第三人"范畴。本案中，股权代持协议仅具有内部效力，对于外部第三人而言，股权登记具有公信力，实际出资人对外不具有公示股东的法律地位，不得以内部股权代持协议有效为由，对抗外部债权人对显名股东的正当权利。所以，实际出资人孙六提出的案外人执行异议不能得到支持。]

6. 在银行诉萱草公司清偿贷款纠纷案件中，林一是否应当对萱草公司的债务承担连带责任？为什么？

参考答案 不应当。

　　在注册资本认缴制下，股东依法享有期限利益。

　　本案中，林一的出资期限尚未届满。萱草公司作为独立法人，在未出现股东滥用股东权时，就自身债务应当独立担责，不能盲目适用股东出资加速到期。所以，萱草公司的债权人银行应当向萱草公司主张清偿，而不能向未届出资期限的股东主张连带赔偿责任。

2017 年司考卷四第五题

案情：

昌顺有限公司（以下简称"昌顺公司"）成立于 2012 年 4 月，注册资本 5000 万元，股东为刘昌、钱顺、潘平与程舵，持股比例依次为 40%、28%、26% 与 6%。章程规定设立时各股东须缴纳 30% 的出资，其余在 2 年内缴足；公司不设董事会与监事会，刘昌担任董事长，钱顺担任总经理并兼任监事。各股东均已按章程实际缴纳首批出资。公司业务主要是从事某商厦内商铺的出租与管理。因该商厦商业地理位置优越，承租商户资源充足，租金收入颇为稳定，公司一直处于盈利状态。

2014 年 4 月，公司通过股东会决议，将注册资本减少至 3000 万元，各股东的出资额等比例减少，同时其剩余出资的缴纳期限延展至 2030 年 12 月。公司随后依法在登记机关办理了注册资本的变更登记。

公司盈利状况不错，但 2014 年 6 月，就公司关于承租商户的筛选、租金的调整幅度、使用管理等问题的决策，刘昌与钱顺爆发严重冲突。后又发生了刘昌解聘钱顺的总经理职务，而钱顺又以监事身份来罢免刘昌董事长的情况，虽经潘平与程舵调和也无济于事。受此影响，公司此后竟未再召开过股东会。好在商户比较稳定，公司营收未出现下滑。

2016 年 5 月，钱顺已厌倦于争斗，要求刘昌或者公司买下自己的股权，自己退出公司，但遭到刘昌的坚决拒绝，其他股东既无购买意愿也无购买能力。钱顺遂起诉公司与刘昌，要求公司回购自己的股权，若公司不回购，则要求刘昌来购买。1 个月后，法院判决钱顺败诉。后钱顺再以解散公司为由起诉公司。虽然刘昌以公司一直盈利且运行正常等为理由坚决反对，法院仍于 2017 年 2 月作出解散公司的判决。

判决作出后，各方既未提出上诉，也未按规定成立清算组，更未进行实际的清算。在公司登记机关，该昌顺公司仍登记至今，而各承租商户也继续依约向公司交付租金。

问题：

1. 昌顺公司的治理结构是否存在不规范的地方？为什么？

2. 昌顺公司减少注册资本依法应包括哪些步骤？

3. 刘昌解聘钱顺的总经理职务，以及钱顺以监事身份来罢免刘昌董事长职位是否合法？为什么？

4. 法院判决不支持"钱顺要求公司与刘昌回购自己股权的诉求"是否合理？为什么？

5. 法院作出解散公司的判决是否合理？为什么？

6. 解散公司的判决生效后，就昌顺公司的后续行为及其状态，在法律上应如何评价？为什么？

▶ 案情分析

本案法律关系图解如下：

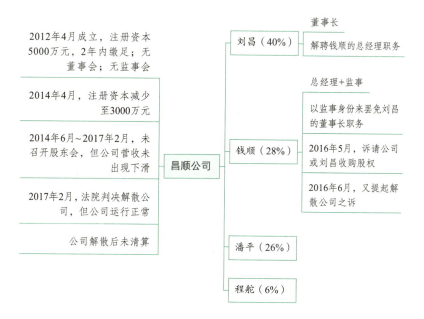

考查角度一：公司治理结构（公司组织机构）

本题第 1、3 问均考查昌顺公司的治理结构是否规范。

对应案情：

（1）昌顺有限公司的注册资本为 5000 万元，股东共 4 人；

（2）公司不设董事会与监事会，刘昌担任董事长，钱顺担任总经理并兼任监事；

（3）刘昌（董事长）解聘钱顺的总经理职务，而钱顺又以监事身份来罢免刘昌的董事长职务。

知识要点：

"公司治理结构"这一表述更多的是出现在经济学、工商管理学科中，简而言之，其是指公司股东会、董事会、监事会的组成、职权，公司董事、高管的任职资格、对其激励约束机制等内容。其与法考相关的知识点包括：

1. 股东会、董事会、监事会的组成

（1）有限责任公司的董事会人数为 3~13 人；股东人数较少或者规模较小的有限责任公司，可以设 1 名执行董事，不设董事会。执行董事可以兼任公司经理。（至于"股东人数较少"或"规模较小"的判断标准，《公司法》并未规定，故实践中有较大的意思自治的余地）

（2）非由职工代表担任的董事，由股东会选举和更换。

（3）董事会中的职工代表由公司职工通过职工代表大会、职工大会或者其他形式民主选举产生。

（4）2 个以上的国有企业或者 2 个以上的其他国有投资主体投资设立的有限责任公司，其董事会成员中应当有公司职工代表。

（5）董事长、副董事长的产生办法由公司章程规定。

（6）监事会成员不得少于 3 人（≥3 人），包括：①股东代表（由股东会选举和更换）。②公司职工代表（由公司职工民主选举产生）。职工代表的比例不得低于 1/3，具体比例由公司章程规定。股东人数较少或者规模较小的有限责任公司，可以设 1~2 名监事，不设监事会。

（7）董事、高级管理人员不得兼任监事。

2. 股东会的职权

（1）选举和更换非由职工代表担任的董事、监事，并决定其报酬；

（2）决定公司的经营方针和投资计划；

（3）修改公司章程，对增加或者减少注册资本、公司合并/分立/解散/清算或者变更公司形式作出决议。

3. 董事会的职权

（1）决定聘任或者解聘公司经理及其报酬事项。

（2）根据经理的提名决定聘任或者解聘公司副经理、财务负责人及其报酬事项。

（3）决定公司的经营计划和投资方案。例如，公司的年度/季度/月度经营规划，和 A 公司签订 50 万元投资合同。

（4）制定公司的基本管理制度，决定公司内部管理机构的设置。

4. 监事会的职权

（1）检查公司财务。必要时可以聘请会计师事务所等协助其工作，费用由公司承担。

（2）发现公司经营情况异常，可以进行调查。监事会行使职权所必需的费用，由公司承担。

（3）对董事、高级管理人员执行公司职务的行为进行监督。当董事、高级管理人员的行为损害公司的利益时，要求其予以纠正。对违反法律、行政法规、公司章程或者股东会决议的董事、高级管理人员提出罢免的建议。

（4）当出现董事、高级管理人员损害公司利益，接受股东的请求时，对董事、高级管理人员提起诉讼。（股东代表诉讼）

具体到本案：①昌顺公司因为股东人数仅为4人，符合"人数较少"的规定，故不设董事会是合法的。但此时刘昌的身份应当是执行董事，而非董事长。这是该案第一个错误。②"钱顺担任总经理并兼任监事"是错误的，违反了禁止兼任的规则。

考查角度二：公司收购股权的法定情形

对应案情：因为厌倦于争斗，钱顺要求刘昌或者公司买下自己的股权，自己退出公司，但遭到刘昌的坚决拒绝。

知识要点：

1. 股权收购请求权，是指在法定情况下（即"55、合、分、转，该死不死改章程"），对股东会决议投反对票的股东可以请求公司按照合理的价格收购其股权。该规则是法律为股东提供的合理的救济渠道，维护法定情况下股东退出公司的自由。

《公司法》第74条第1款规定，有下列情形之一的，对股东会该项决议投反对票的股东可以请求公司按照合理的价格收购其股权：①公司连续5年不向股东分配利润，而公司该5年连续盈利，并且符合本法规定的分配利润条件的；②公司合并、分立、转让主要财产的；③公司章程规定的营业期限届满或者章程规定的其他解散事由出现，股东会会议通过决议修改章程使公司存续的。

2. 在法院审理解散公司诉讼案件中，当事人协商同意由公司或者股东收购股份，或者以减资等方式使公司存续，且不违反法律、行政法规强制性规定的，法院应予支持。（《公司法解释（二）》第5条第1款）但此处"收购股份"不是公司或其他股东的强制义务，其大前提是"当事人协商同意"。

考查角度三：股东请求司法解散公司的理由（公司僵局）

对应案情： 2014 年 6 月，公司未再召开过股东会。2016 年 6 月后，钱顺以解散公司为由起诉公司，但公司一直盈利且运行正常。

知识要点：

公司僵局，是指公司经营管理发生严重困难，继续存续会使股东利益受到重大损失，通过其他途径不能解决的情形。（《公司法》第 182 条）

具体而言，出现下列情况的，股东可以申请法院解散公司：（《公司法解释（二）》第 1 条第 1 款）

1. 公司持续 2 年以上无法召开股东会或者股东大会，公司经营管理发生严重困难的。

2. 股东表决时无法达到法定或者公司章程规定的比例，持续 2 年以上不能做出有效的股东会或者股东大会决议，公司经营管理发生严重困难的。

3. 公司董事长期冲突，且无法通过股东会或者股东大会解决，公司经营管理发生严重困难的。

4. 经营管理发生其他严重困难，公司继续存续会使股东利益受到重大损失的情形。

考查角度四：公司解散后的程序

对应案情： 法院于 2017 年 2 月作出解散公司的判决，但判决作出后，各方未进行实际的清算，昌顺公司仍然存续并实际经营。

知识要点：

法院解散判决生效后，公司就必须经过清算程序走向终止。但本案中，昌顺公司既没有成立清算组清算，也没有办理注销登记。很容易判断昌顺公司的做法不合法。

问答 ▶▶▶

1. 昌顺公司的治理结构是否存在不规范的地方？为什么？

参考答案 存在。

（1）昌顺公司股东人数较少，不设董事会的做法符合《公司法》第50条第1款的规定，但此时刘昌的职位不应是董事长，而应是执行董事。

（2）昌顺公司股东人数较少，不设监事会的做法符合《公司法》第51条第1款的规定，但是按该条第4款规定，董事、高级管理人员不得兼任监事。因此，钱顺不得兼任监事。

2. 昌顺公司减少注册资本依法应包括哪些步骤？

参考答案 包括下列步骤：

（1）要形成2/3以上多数通过的关于减资的股东会决议，即符合《公司法》第43条第2款的要求，形成有效的股东会决议。

（2）编制资产负债表及财产清单。

（3）根据《公司法》第177条第2款的规定，自作出减资决议之日起10日内通知债权人，并于30日内在报纸上公告。

（4）应向公司登记机关提交相关文件，办理变更登记。登记后才发生注册资本减少的效力。

（5）应修改公司章程。

（提示：该问为"简答题"，和案情没有关联，找到法条对应位置照抄即可）

3. 刘昌解聘钱顺的总经理职务，以及钱顺以监事身份来罢免刘昌董事长职位是否合法？为什么？

_____

_____

_____

_____

_____

_____

参考答案

（1）［答案一］刘昌解聘钱顺符合《公司法》的规定。在不设董事会的公司治理结构中，执行董事即相当于董事会。而根据《公司法》第49条第1款的规定，由董事会决定聘任或解聘经理。故刘昌解聘钱顺的总经理职务的行为，符合《公司法》的规定。

［答案二］刘昌解聘钱顺的总经理职务的行为不合法。因本案中存在两个事实情节：①钱顺任职总经理已规定于公司章程中，因而对钱顺的解聘会涉及是否符合公司章程修改程序的判断；②刘昌的解聘行为是二人间矛盾激化的结果，而在不设董事会的背景下，刘昌的这一行为确实存在滥用职权的嫌疑。

（2）钱顺罢免刘昌不合法。钱顺兼任公司监事不符合《公司法》第51条第4款的规定。即使钱顺的监事身份合法，根据《公司法》第53条第2项的规定，监事对公司高管和董事只有罢免建议权，而无决定权。因此，刘昌的执行董事地位不受影响。

> 可改写为：
>
> （1）刘昌解聘钱顺合法。依前述分析可知，昌顺公司因股东人数较少，可不设董事会。在此公司治理结构中，执行董事即相当于董事会，而董事会有权决定聘任或解聘经理。所以，本案中，刘昌解聘钱顺的总经理职务的行为符合《公司法》第49条第1款的规定。
>
> （2）钱顺罢免刘昌不合法。根据《公司法》第53条第2项的规定，监事对公司高管和董事只有罢免建议权，而无决定权。本案中，钱顺兼任公司监事并不

合法。即使钱顺监事身份合法，根据上述规定，监事也无权罢免董事职务。因此，刘昌的执行董事地位不受影响。

4. 法院判决不支持"钱顺要求公司与刘昌回购自己股权的诉求"是否合理？为什么？

✍ _____

_____

_____

_____

_____

_____

参考答案 合理。

根据《公司法》第 74 条第 1 款的规定，股东回购请求权仅限于在该款所列明的三种情形下（即公司连续 5 年不分红而该 5 年连续盈利的决议，公司合并、分立或转让主要财产的决议，公司存续上的续期的决议）对股东会决议有异议的股东。钱顺的情形显然不符合该规定。

而针对其他股东的强制性的股权购买请求权，现行《公司法》并无明文规定，即根据现行《公司法》的规定，股东彼此之间并不负有在特定情况下收购对方股权的强制性义务。即使根据《公司法解释（二）》第 5 条第 1 款的规定，法院在审理解散公司的案件时，应尽量调解，并给出由其他股东收购股权的调解备选方案，也不能因此成立其他股东的收购义务。故钱顺对公司与股东刘昌的诉求没有实体法依据。

5. 法院作出解散公司的判决是否合理？为什么？

✍ _____

_____

_____

_____

参考答案 判决合理。

根据《公司法》第182条及《公司法解释（二）》第1条第1款第1项的规定，本案符合"公司持续2年以上无法召开股东会或者股东大会，公司经营管理发生严重困难"的条件。昌顺公司自2014年6月至解散诉讼时，已超过2年未再召开过股东会，这表明昌顺公司已实质性构成所谓的"公司僵局"，即构成法院判决公司解散的根据。

6. 解散公司的判决生效后，就昌顺公司的后续行为及其状态，在法律上应如何评价？为什么？

参考答案 法院作出的解散公司的判决，在性质上为形成判决，据此，昌顺公司应进入清算阶段。对此，《公司法》所规定的程序如下：①根据《公司法》第183条的规定及时成立清算组；②清算组按照法律规定的期限，根据《公司法》第184～187条的规定进行各项清算工作；③清算结束后，根据《公司法》第188条的规定，清算组应当制作清算报告，报股东会、股东大会或法院确认，并报送公司登记机关，申请注销公司登记，公告公司终止。概括来说，按照我国《公司法》的规范逻辑，解散判决生效后，公司就必须经过清算程序走向终止。

本案中，昌顺公司被司法解散后仍然继续存在的事实，显然与这一规范层面的逻辑不相符，这说明我国立法关于司法解散的相关程序与制度在衔接上尚有不足之处，有待将来立法的完善。

　　可改写为：昌顺公司被司法解散后仍然继续存在，是不合法的。

　　根据《公司法》所规定的程序，昌顺公司解散后应实行如下行为：①根据《公司法》第183条的规定及时成立清算组；②清算组按照法律规定的期限，根据《公司法》第184～187条的规定进行各项清算工作；③清算结束后，根据《公司法》第188条的规定，清算组应当制作清算报告，报股东会、股东大会或法院确认，并报送公司登记机关，申请注销公司登记，公告公司终止。

　　本案中，解散公司的判决生效后，昌顺公司未成立清算组，也未进行实际的清算，仍保留公司登记至今，并继续维持经营状态，这与现有法律规定不符，是不合法的。

2016 年司考卷四第五题

案情：

美森公司成立于 2009 年，主要经营煤炭。股东是大雅公司以及庄某、石某。章程规定公司的注册资本是 1000 万元，三个股东的持股比例是 5：3：2。各股东应当在公司成立时一次性缴清全部出资。大雅公司将之前归其所有的某公司的净资产经会计师事务所评估后作价 500 万元用于出资，这部分资产实际交付给美森公司使用；庄某和石某以货币出资，公司成立时庄某实际支付了 100 万元，石某实际支付了 50 万元。

大雅公司委派白某担任美森公司的董事长兼法定代表人。2010 年，赵某欲入股美森公司，白某、庄某和石某一致表示同意，于是赵某以现金出资 50 万元，公司出具了收款收据，但未办理股东变更登记。赵某还领取了 2010 年和 2011 年的红利共 10 万元，也参加了公司的股东会。

2012 年开始，公司经营逐渐陷入困境。庄某将其在美森公司中的股权转让给了其妻弟杜某。此时，赵某提出美森公司未将其登记为股东，所以自己的 50 万元当时是借款给美森公司的。白某称美森公司无钱可还，还告诉赵某，为维持公司的经营，公司已经向甲、乙公司分别借款 60 万元和 40 万元，向大雅公司借款 500 万元。

2013 年 11 月，大雅公司指示白某将原出资的资产中价值较大的部分逐渐转入另一子公司美阳公司。对此，杜某、石某和赵某均不知情。

此时，甲公司和乙公司起诉了美森公司，要求其返还借款及相应利息。大雅公司也主张自己曾借款 500 万元给美森公司，要求其偿还。赵某、杜某及石某闻讯后也认为利益受损，要求美森公司返还出资或借款。

问题：

1. 应如何评价美森公司成立时三个股东的出资行为及其法律效果？
2. 赵某与美森公司是什么法律关系？为什么？
3. 庄某是否可将其在美森公司中的股权进行转让？为什么？这种转让的法律后果是什么？

4. 大雅公司让白某将原来用作出资的资产转移给美阳公司的行为是否合法？为什么？

5. 甲公司和乙公司对美森公司的债权，以及大雅公司对美森公司的债权，应否得到受偿？其受偿顺序如何？

6. 赵某、杜某和石某的请求及理由是否成立？他们应当如何主张自己的权利？

案情分析

本案法律关系图解如下：

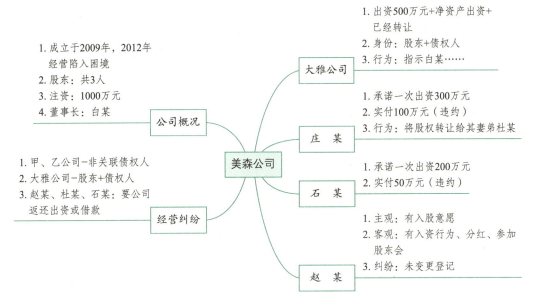

考查角度一：股东的出资形式

对应案情： 股东之一大雅公司以净资产经评估后作价 500 万元用于出资，并实际交付给美森公司使用。需要判断"净资产能否作为设立公司的出资"。

知识要点：

1. 股东出资是公司财产的最初来源，通过出资形成公司独立的法人财产。股东出资类型可分为两大类：货币、非货币财产。就非货币财产而言，《公司法》第 27 条第 1 款采取了"列举+概括"的方式，列举了"实物、知识产权、土地使用权"类型。但由于现实中非货币财产种类多样，随着经济发展会出现新的"非货币财产"，因此，《公司法》第 27 条第 1 款又采取了概括的立法方式，规定满足"可作价+可转让"且不为法律、行政法规禁止作为出资的非货币财产，均可作为设立公司的出资。

2. 什么是"法律、行政法规禁止出资的非货币财产"呢？根据《市场主体登记管理条例》第 13 条的规定，公司股东不得以劳务、信用、自然人姓名、商誉、特许经营权或者设定担保的财产等作价出资。（提示：设定担保的财产，在解除担保后可以作为出资形式）

考查角度二：和公司是形成股权关系，还是形成债权关系？（股东资格的认定）

对应案情： 赵某和美森公司之间的冲突在于：形式上，赵某没有被登记为股东；但实质上，他主观上愿意出资，且客观上参与了公司分红及公司经营。争议焦点是：赵某是美森公司的债权人，还是股东？

知识要点：

股东身份的确认应根据当事人的出资情况以及股东身份是否以一定的形式为公众所认知等因素进行综合判断。

《公司法解释（三）》第 22 条　当事人之间对股权归属发生争议，一方请求人民法院确认其享有股权的，应当证明以下事实之一：①已经依法向公司出资或者认缴出资，且不违反法律法规强制性规定；②已经受让或者以其他形式继受公司股权，且不违反法律法规强制性规定。

考查角度三：出资瑕疵股权的转让规则

对应案情： 股东庄某承诺出资 300 万元并一次性缴清，但他实际仅支付了 100 万元。后庄某将其股权转让给了其妻弟杜某。这段案情考查的是"瑕疵股权的转让规则"。

知识要点：

1. 瑕疵股权的转让，是指股东未履行或者未全面履行出资义务即转让股权。

2. 就法律责任而言，需要区分受让人是否知情：

（1）如果受让人知情，则受让人与该出资瑕疵的股东对公司（对债权人）承担连带责任；受让人承担责任后，有权向该出资瑕疵的股东追偿。

（2）如果受让人不知情，则受让人无需担责。

《公司法解释（三）》第 18 条　有限责任公司的股东未履行或者未全面履行出资义务即转让股权，受让人对此知道或者应当知道，公司请求该股东履行出资义务、受让人对此承担连带责任的，人民法院应予支持；公司债权人依照本规定第 13 条第 2 款向该股东提起诉讼，同时请求前述受让人对此承担连带责任的，人民法院应予支持。受让人根据前款规定承担责任后，向该未履行或者未全面履行出资义务的股东追偿的，人民法院应予支持。但是，当事人另有约定的除外。

所以，本案中，分析杜某是否要承担连带责任的关键是确定杜某是否"知情"。案情显示，杜某是庄某的妻弟，按生活经验，可推定杜某是知情的。

考查角度四：公司法人人格否认的认定

对应案情： 2013年11月，大雅公司（大股东）将原出资的资产中价值较大的部分逐渐转入大雅公司的另一子公司——美阳公司。这段案情对应的知识点是"公司法人人格否认制度"。

知识要点：

公司是独立法人，故公司的债务由公司财产独立承担，股东除缴足认缴的出资款外，对公司的债务不承担清偿责任。但有例外——公司法人人格否认制度。具体而言，包括：

1. 一般情况：股东履行了出资义务并且无干涉公司经营的情况时，债权人不得要求股东对公司的债务承担清偿责任。

2. 例外情况：股东滥用有限责任或恶意利用有限责任制度，损害公司债权人利益的，应当否认公司的独立担责能力，由股东对公司的债务承担连带责任。实践中常见情形包括人格混同、过度支配与控制、资本显著不足等。

《公司法》第20条第3款 公司股东滥用公司法人独立地位和股东有限责任，逃避债务，严重损害公司债权人利益的，应当对公司债务承担连带责任。

本案中，大雅公司（大股东）出资后的资产属于美森公司所有，构成美森公司的独立财产。故大雅公司（大股东）无权将美森公司的资产转移，该行为损害了美森公司的责任财产，使得美森公司不再具有独立意思和独立财产，大雅公司构成"滥用股东权"。

考查角度五：公司债务的清偿规则

对应案情： 美森公司共有三个债权人：甲公司、乙公司、大雅公司。①甲、乙公司和美森公司之间仅存有债权债务关系。②大雅公司有两重身份：美森公司的股东+美森公司的债权人。同时，大雅公司有滥用股东权的行为——指示白某将其原出资的资产中价值较大的部分转出，该行为损害了美森公司的利益。

知识要点：

1. 为解决关联债权与外部债权的清偿顺序，美国法院通过判例确立了"深石原则"（深石-Deep Rock，是一个美国公司的名字）。在深石案件（1939年）中，法院认为深石公司在成立之初即资本不足，且其业务经营完全受被告公司控制，经营方式主要是为了被告的利益。因此，判决被告对深石公司的债权应次于（滞后于）深石公司的其他债权受清偿。此即"衡平居次原则"。

2. "深石原则"在我国成文法中尚未明确，但在"沙港公司诉开天公司执行分配方案异议案"中，松江法院运用了"深石原则"处理债务纠纷。该案被列入2015年最高人民法院发布的典型案例。［参见（2010）松民二（商）初字第275号民事判决］

3. 就该债务清偿顺序，在考试中：

（1）可根据"深石原则"，回答"瑕疵出资股东（债权人）滞后清偿"；

（2）也可根据债权平等性，回答"股东和外部债权人同等顺序清偿"；

（3）还可依据民法上的"公平原则"，回答"瑕疵出资股东的债权滞后清偿"。

问答 ▶▶

1. 应如何评价美森公司成立时三个股东的出资行为及其法律效果？

参考答案 大雅公司以先前归其所有的某公司的净资产出资。尽管净资产在我国《公司法》中没有被规定为出资形式，但在公司实践中运用较多。并且，案情中显示，一方面，这些净资产本来就归大雅公司所有，且经过了会计师事务所的评估作价，在出资程序方面与实物等非货币形式的出资相似；另一方面，这些净资产已经由美森公司实际占有和使用，即完成了交付。《公司法解释（三）》第9条也有"以非货币财产出资，未依法评估作价……对该财产评估作价"的规定。所以，应当认为大雅公司履行了自己的出资义务。

庄某按章程应当出资300万元，但其实际上仅出资100万元；石某按章程应当出资200万元，但其实际上仅出资50万元。所以，两位自然人股东均没有完全履行自己的出资义务，应当承担继续履行出资义务及违约责任。

可改写为：大雅公司以净资产出资合法有效。两位自然人股东没有完全履行自己的出资义务，应当承担继续履行出资义务及违约责任。

根据《公司法》第 27 条的规定，允许股东以可以用货币估价并可以依法转让的非货币财产作价出资。案情显示，一方面，这些净资产本来就归大雅公司所有，且经过评估作价；另一方面，这些净资产已经由美森公司实际占有和使用，即完成了交付。所以，应当认为大雅公司履行了自己的出资义务。

《公司法》第 28 条规定了股东依约出资的义务。本案中，庄某和石某均未按章程约定全面履行自己的出资义务，所以，二人应当向美森公司足额缴纳，还应当向已按期足额缴纳出资的股东承担违约责任。

2. 赵某与美森公司是什么法律关系？为什么？

参考答案 二者构成股权法律关系，赵某是美森公司的股东。

投资与借贷是不同的法律关系。赵某自己主张是借贷关系中的债权人，但根据《公司法解释（三）》第 23 条的规定，赵某虽然没有被登记为股东，但是他在 2010 年出于自己的真实意思表示，表示愿意出资成为股东，其他股东及股东代表均同意。并且，赵某实际交付了 50 万元出资，参与了公司分红及公司的经营。这些行为均非债权人可为。所以，赵某具有实际出资人的地位，在公司内部也享有实际出资人的权利。此外，从民商法的诚信原则考虑，也应认定赵某为实际出资人或实际股东，而非债权人。

3. 庄某是否可将其在美森公司中的股权进行转让？为什么？这种转让的法律后果是什么？

✎ _____

_____

_____

_____

_____

_____

参考答案 可以。

尽管庄某没有全面履行自己的出资义务，其股权也是可以转让的。庄某股权的受让人是其妻弟杜某，按生活经验，应当推定杜某是知情的。我国《公司法解释（三）》第18条已经认可了瑕疵出资股权的可转让性。这种转让的法律后果就是如果受让人知情，则转让人和受让人对公司以及债权人要承担连带责任；受让人承担责任后，有权再向转让人进行追偿。

4. 大雅公司让白某将原来用作出资的资产转移给美阳公司的行为是否合法？为什么？

✎ _____

_____

_____

_____

_____

_____

_____

参考答案 不合法。

公司具有独立人格，公司财产是其人格的基础。股东出资后的资产属于公司而非股东所有。故本案中，大雅公司无权将美森公司的资产转移，该行为损害了美森公司的责任财产，侵害了美森公司、美森公司股东（杜某和石某）的利益，也侵害了甲、乙公司这些债权人的利益。

5. 甲公司和乙公司对美森公司的债权，以及大雅公司对美森公司的债权，应否得到受偿？其受偿顺序如何？

✍

参考答案

（1）甲公司和乙公司是普通债权，应当得到受偿。

大雅公司是美森公司的大股东，我国《公司法》并未禁止公司与其股东之间的交易，只是规定关联交易不得损害公司和债权人的利益。因此，借款本身是合法的，只要是真实的借款，就是有效的。所以，大雅公司的债权也应当得到清偿。

（2）在受偿顺序方面：

［答案一］大雅公司作为股东（母公司），损害了美森公司的独立人格，也损害了债权人甲公司和乙公司的利益，其债权应当在顺序上劣后于正常交易中的债权人甲公司和乙公司。这是"深石原则"的运用。

［答案二］根据民法上的公平原则，大雅公司的债权在顺序方面劣后于甲、乙公司。

［答案三］根据债权的平等性原则，他们的债权应当平等受偿。

（提示：建议同学们选取一个答题思路即可，表达清晰，不要进行观点展示）

6. 赵某、杜某和石某的请求及理由是否成立？他们应当如何主张自己的权利？

✍

参考答案 赵某、杜某和石某的请求不成立。

　　赵某、杜某和石某均是公司股东。基于公司资本维持原则，股东不得要求退股，故赵某等人不得要求返还出资。但是，大雅公司作为大股东，其转移资产的行为损害了公司的利益，也就损害了公司股东的利益，因此，赵某等人可以向大雅公司提出赔偿请求。同时，白某作为公司的董事长兼法定代表人，其行为也损害了股东的利益，赵某等人也可以起诉白某，请求其承担赔偿责任。

2015 年司考卷四第五题

案情：

鸿捷有限公司成立于 2008 年 3 月，从事生物医药研发。公司注册资本为 5000 万元，股东为甲、乙、丙、丁，持股比例分别为 37%、30%、19%、14%；甲为董事长，乙为总经理。公司成立后，经营状况一直不错。

2013 年 8 月初，为进一步拓展市场、加强经营管理，公司拟引进战略投资者骐黄公司，并通过股东大会形成如下决议（简称《1 号股东会决议》）：第一，公司增资 1000 万元；第二，其中 860 万元，由骐黄公司认购；第三，余下的 140 万元，由丁认购，从而使丁在公司增资后的持股比例仍保持不变，而其他各股东均放弃对新股的优先认缴权；第四，缴纳新股出资的最后期限，为 2013 年 8 月 31 日。各股东均在决议文件上签字。

之后，丁因无充足资金，无法在规定期限内完成所认缴出资的缴纳；骐黄公司虽然与鸿捷公司签订了新股出资认缴协议，但之后就鸿捷公司的经营理念问题，与甲、乙、丙等人发生分歧，也一直未实际缴纳出资。因此，公司增资计划的实施，一直没有进展。但这对公司经营并未造成很大影响，至 2013 年底，公司账上已累积 4000 万元的未分配利润。

2014 年初，丁自他人处获得一笔资金，遂要求继续实施公司的增资计划，并自行将 140 万元打入公司账户，同时还主张对骐黄公司未实际缴资的 860 万元新股的优先认购权，但这一主张遭到其他股东的一致反对。

鉴于丁继续实施增资的强烈要求，并考虑到难以成功引进外部战略投资者，公司在 2014 年 1 月 8 日再次召开股东大会，讨论如下议案：第一，公司仍增资 1000 万元；第二，不再引进外部战略投资人，由公司各股东按照原有持股比例认缴新股；第三，各股东新增出资的缴纳期限为 20 年；第四，丁已转入公司账户的 140 万元资金，由公司退还给丁。就此议案所形成的股东会决议（简称《2 号股东会决议》），甲、乙、丙均同意并签字，丁虽签字，但就第二、第三与第四项内容，均注明反对意见。

之后在甲、乙的主导下，鸿捷公司经股东大会修订了公司章程、股东名册等，并于 2014 年 1 月 20 日办理完毕相应的公司注册资本的工商变更登记。

2014年底，受经济下行形势影响，加之新产品研发失败，鸿捷公司经营陷入困境。至2015年5月，公司已拖欠嵩悠公司设备款债务1000万元，公司账户中的资金已不足以偿付。

问题：

1. 《1号股东会决议》的法律效力如何？为什么？

2. 就骐黄公司未实际缴纳出资的行为，鸿捷公司可否向其主张违约责任？为什么？

3. 丁可否主张860万元新股的优先认购权？为什么？

4. 《2号股东会决议》的法律效力如何？其与《1号股东会决议》的关系如何？为什么？

5. 鸿捷公司增加注册资本的程序中，何时产生注册资本增加的法律效力？为什么？

6. 就鸿捷公司不能清偿的1000万元设备款债务，嵩悠公司能否向其各个股东主张补充赔偿责任？为什么？

◤ 案情分析

本案法律关系图解如下：

考查角度一：公司决议的效力

对应案情： 本题第 1、4 问均考查公司决议的效力。

《1 号股东会决议》的内容为公司增资，既包括引入外部投资者骐黄公司，也包括保证既有股东丁在公司增资后的持股比例仍保持不变。

在《1 号股东会决议》无法实现的情况下作出的《2 号股东会决议》，其内容仍为公司增资，公司各股东按照原有持股比例认缴新股，并且，新增出资的缴纳期限延长为 20 年，到 2034 年完成增资款项的出资。

知识要点：

就决议效力的分类，根据《公司法》第 22 条以及《公司法解释（四）》第 5 条的规定，可分为有效决议、无效决议、可撤销决议、决议不成立四种情况。具体判断一项决议是否有效，需要从决议内容和决议程序两方面进行分析。

1. 决议内容方面

《1 号股东会决议》的内容是关于公司增资，该增资决议由公司股东大会作出，符合《公司法》第 37 条第 1 款规定的股东会的职权范围。并且，该决议中关于增资数额、比例分配、缴纳出资期限，均未有法律禁止的内容。可知，该决议内容合法。

《2 号股东会决议》是对《1 号股东会决议》的替换。首先，该决议内容仍是关于公司增资，法律并无必须引入外部投资人的强制性规定，所以该决议规定"由公司各股东按照原有持股比例认缴新股"是合法的；其次，《公司法》对出资缴纳期限没有限制，所以，该决议规定"缴纳期限为 20 年"也无不妥。可知，该决议内容合法。

2. 决议程序方面

如果股东会的会议召集程序、表决方式违法或违反章程，或出现未召开会议即表决，或有出席会议的人数或者股东所持表决权不符合法定、章程规定情形，则这些程序瑕疵会导致决议效力瑕疵（如可撤销决议、尚未成立决议）。但根据本案的案情显示，两项股东会决议均无明显程序瑕疵。

所以，本案《1 号股东会决议》和《2 号股东会决议》均是有效决议。

考查角度二：外人（非股东）承诺向公司增资但并未实际履行的，是否承担违约责任？

对应案情： 骐黄公司（外部投资者）虽然与鸿捷公司签订了新股出资认缴协议，但未实际缴纳出资。

知识要点：

1. 双方签订的新股出资认缴协议，因未出现《民法典》规定的合同无效的事由，当属有效。此问题不存在争议。

2. 就该新股出资认缴协议的实际履行，因为涉及公司资本增加、新股东加入、公司经营发展等问题，还要考虑《公司法》的相关规则，如加入公司组织之自由原则（不得强迫他人成为股东）。

本案中，骐黄公司并不存在明显的过错，因此，鸿捷公司也很难主张由骐黄公司赔偿损失。而因双方矛盾加剧，继续履行也无法实现，所以，鸿捷公司也不能主张继续履行的违约责任。

考查角度三：公司增资时股东的优先认缴权

对应案情： 2014年初，丁主张对骐黄公司未实际缴资的860万元行使优先认缴权，遭到其他股东一致反对。

知识要点：

在公司新增注册资本时，基本原则是"股东约定优先，实缴作为补充"。

《公司法》第34条　公司新增资本时，股东有权优先按照实缴的出资比例认缴出资。但是，全体股东约定不按照出资比例分取红利或者不按照出资比例优先认缴出资的除外。

本案中，2014年初，丁主张对骐黄公司未实际缴资的860万元行使优先认缴权。该主张无法实现，理由有二：

1. 既然遭到其他股东的一致反对，那么依据"约定优先"，丁无法在公司增资时主张860万元的优先认缴权。

2. 即使全体股东对此无约定，丁也只能按照实缴的出资比例来认缴新增资本。本案中，丁的持股比例仅为14%，因此，当公司新增1000万元的资本时，丁有权优先认缴的金额仅为140万元。

考查角度四：注册资本变更程序

对应案情： 公司在2014年1月8日召开股东大会，作出增资决议，并于1月20日办理完毕相应的公司注册资本的工商变更登记。

知识要点：

注册资本，是指公司在设立时筹集的，由章程载明的，经公司登记机关登记注册的资本。根据该定义可知，注册资本一是"章程记载的法定事项"，二要"经过公司登记机关（市场监督管理局）登记注册"。

相应地，公司变更注册资本，需要完成两个步骤：

1. （有限责任公司）股东会会议作出变更注册资本的决议，且该决议必须经代表2/3以上表决权的股东通过。

2. 要经过公司登记机关（市场监督管理局）办理变更登记。市场主体变更登记事项，应当自作出变更决议、决定或者法定变更事项发生之日起 30 日内向登记机关申请变更登记。

结合本案，在鸿捷公司增加注册资本时，公司内部需要修改章程、变更注册资本，但此时尚未发生注册资本变更的法律效力。只有在公司登记机关登记完毕后，才能产生注册资本变更的法律效力。

考查角度五：公司的债权人能否向未届出资期限的股东主张补充赔偿责任？

对应案情： 各股东新增出资的缴纳期限为 20 年（到 2034 年）。至 2015 年 5 月，鸿捷公司拖欠嵩悠公司设备款债务 1000 万元，并且已无法偿付。

知识要点：

根据公司法的理论，公司是企业法人，独立承担民事责任。一般情况下，股东无需清偿公司的债务。但是，如果股东出现"滥用股东权"（《公司法》第 20 条）或者"未履行或者未全面履行出资义务"（《公司法解释（三）》第 13 条），则该股东要承担清偿公司债务的责任。

所以，本案关键是要分析各股东是否出现"滥用股东权"或者"出资瑕疵"的情形。

1. 综合全部案情，本案尚未出现股东"滥用股东权"的事由，因此不能适用"公司法人人格否认"规则，不能由股东承担连带责任。

2. 《2 号股东会决议》中，"各股东新增出资的缴纳期限为 20 年"，即各股东出资期限截止到 2034 年，所以"股东未届出资期限"。

3. 再根据案情，鸿捷公司并未出现"已经破产"或"恶意延长股东出资期限"的情形，所以不能适用《公司法解释（三）》第 13 条的规定。可知本案中，股东无需对鸿捷公司的债务承担连带赔偿责任。

《公司法解释（三）》第 13 条第 2 款规定，公司债权人请求未履行或者未全面履行出资义务的股东在未出资本息范围内对公司债务不能清偿的部分承担补充赔偿责任的，人民法院应予支持；未履行或者未全面履行出资义务的股东已经承担上述责任，其他债权人提出相同请求的，人民法院不予支持。

《九民纪要》第 6 点规定，在注册资本认缴制下，股东依法享有期限利益。债权人以公司不能清偿到期债务为由，请求未届出资期限的股东在未出资范围内对公司不能清偿的债务承担补充赔偿责任的，人民法院不予支持。但是，下列情形除外：①公司作为被执行人的案件，人民法院穷尽执行措施无财产可供执行，已具备破产原因，但不申请破产的；②在公司债务产生后，公司股东（大）会决议或以其他方式延长股东出资期限的。

问答 ▶▶

1. 《1号股东会决议》的法律效力如何？为什么？

✍ _____

....

....

....

....

....

....

[参考答案]《1号股东会决议》为合法有效的股东会决议。因为其决议内容不违反现行法律、行政法规的规定，程序上符合股东会决议的程序。

2. 就骐黄公司未实际缴纳出资的行为，鸿捷公司可否向其主张违约责任？为什么？

✍ _____

....

....

....

....

....

....

[参考答案] 不能。

　　该新股出资认缴协议未出现《民法典》规定的合同无效的事由，当属有效。此问题不存在争议。但就该新股出资认缴协议的实际履行，因为涉及公司资本增加、新股东加入、公司经营发展等问题，还要考虑《公司法》的相关规则，如加入公司组织之自由原则（不得强迫他人成为股东）。

　　自本案所交代的案情来看，骐黄公司与鸿捷公司之间签订的新股出资认缴协议合法有效。根据《民法典》第 577 条的规定，违约责任的承担方式有继续履行、采取补救措施与赔偿损失三种。但在本案中，如果强制要求骐黄公司继续履行，也就是强制其履行缴纳出资的义务，则会导致强制骐黄公司加入公司组织的结果，有违参与或加入公司组织之自由原则，故而鸿捷公司不能主张继续履行的违约责任。至于能否主张骐黄公司的损失赔偿责任，则视骐黄公司主观上是否存在过错而定。而在本案中，骐黄公司并不存在明显的过错，因此，鸿捷公司也很难主张该请求权。

3. 丁可否主张 860 万元新股的优先认购权？为什么？

参考答案 不可以。

丁主张新股优先认缴权的依据为《公司法》第 34 条，即"公司新增资本时，股东有权优先按照实缴的出资比例认缴出资"。不过该条所规定的原股东之优先认缴权主要针对的是增资之股东大会决议就新股分配未另行规定的情形。而且，行使优先认缴权还须遵守另一个限制，即原股东只能按其实缴的出资比例主张对新增资本的相应部分行使优先认缴权。本案中，该增资计划并未侵害或妨害丁在公司中的股东地位，也未妨害其股权内容，即未影响其表决权重，因此，就余下的 860 万元新股，丁无任何主张优先认缴权的依据。

> **可改写为**：不可以。公司新增资本时，除非全体股东另有约定，否则原则上股东按照实缴的出资比例优先认缴出资。本案中，丁的实缴出资比例为 14%，按该比例，丁有权对新增资本的相应部分行使优先认缴权。该增资计划并未侵害或妨害丁在公司中的股东地位，也未妨害其股权内容，因此，在其他股东一致反对的情况下，丁无权就超过其出资比例的 860 万元新股主张优先认缴权。

4. 《2 号股东会决议》的法律效力如何？其与《1 号股东会决议》的关系如何？为什么？

参考答案

（1）《2 号股东会决议》是合法有效的决议。该决议在内容上不违法，也未损害异议股东丁的合法利益；程序上，丁的持股比例仅为 14%，达不到否决增资决议的 1/3 的比例要求。

（2）这两个决议均在解决实施公司增资 1000 万元的计划的问题，由于《1 号股东会决议》难以继续实施，因此，《2 号股东会决议》是对《1 号股东会决议》的替代或者废除，后者随之失效。

5. 鸿捷公司增加注册资本的程序中，何时产生注册资本增加的法律效力？为什么？

参考答案 在公司登记机关办理完毕新增注册资本的变更登记后，才能产生新的注册资本，亦即产生新增注册资本的法律效力。公司的注册资本只有经过工商登记，才能

产生注册资本的法律效力。进而在公司通过修改章程以增加注册资本时，也同样只有在登记完毕后，才能产生注册资本增加的法律效力。

6. 就鸿捷公司不能清偿的 1000 万元设备款债务，嵩悠公司能否向其各个股东主张补充赔偿责任？为什么？

参考答案 不能。

在注册资本认缴制下，股东依法享有期限利益。公司作为独立法人，在未出现股东滥用股东权时，就自身债务应当独立担责，不能盲目适用"股东出资加速到期"规则。

本案中，鸿捷公司各股东新增出资的缴纳期限为 20 年，于 2034 年出资期限届满。2015 年 5 月，鸿捷公司不足以偿付债权人嵩悠公司设备款债务，由于各股东未违反出资义务，因此，债权人嵩悠公司应当向鸿捷公司主张清偿，不能向各股东主张补充赔偿责任。

（提示：2015 年公布的官方答案是："为保护公司债权人的合法利益，可准用《公司法解释（三）》第 13 条第 2 款的规定，认可公司债权人的这项请求权，即在公司财产不能清偿公司债务时，各股东所认缴的尚未到期的出资义务，应按照提前到期的方法来处理，进而对公司债权人承担补充赔偿责任。"本书依据 2019 年 11 月施行的《九民纪要》作了修改，请同学们以本书答案为准。）

2014 年司考卷四第五题

案情：

2012 年 4 月，陈明设立了一家有限责任公司，从事绿色食品开发，注册资本为 200 万元。公司成立半年后，为增加产品开发力度，陈明拟新增资本 100 万元，并为此分别与张巡、李贝洽谈，该二人均有意愿认缴全部新增资本，加入陈明的公司。陈明遂先后与张巡、李贝二人就投资事项分别签订了书面协议。张巡在签约后第 2 天，即将款项转入陈明的个人账户，但陈明一直以各种理由拖延办理公司变更登记等手续。2012 年 11 月 5 日，陈明最终完成公司章程、股东名册以及公司变更登记手续，公司注册资本变更为 300 万元，陈明任公司董事长，而股东仅为陈明与李贝，张巡的名字则未出现在公司登记的任何文件中。李贝虽名为股东，但实际上是受刘宝之托，代其持股，李贝向公司缴纳的 100 万元出资，实际上来源于刘宝。2013 年 3 月，在陈明同意的情况下，李贝将其名下股权转让给善意不知情的潘龙，并在公司登记中办理了相应的股东变更。

2014 年 6 月，因产品开发屡次失败，公司陷入资不抵债且经营无望的困境，遂向法院申请破产。法院受理后，法院所指定的管理人查明：第一，陈明尚有 50 万元的出资未实际缴付；第二，陈明的妻子葛梅梅本是家庭妇女，但自 2014 年 1 月起，却一直以公司财务经理的名义，每月自公司领取奖金 4 万元。

问题：

1. 在法院受理公司破产申请前，张巡是否可向公司以及陈明主张权利？主张何种权利？为什么？

2. 在法院受理公司破产申请后，张巡是否可向管理人主张权利？主张何种权利？为什么？

3. 李贝能否以自己并非真正股东为由，主张对潘龙的股权转让行为无效？为什么？

4. 刘宝可主张哪些法律救济？为什么？

5. 陈明能否以超过诉讼时效为由，拒绝 50 万元出资的缴付？为什么？

6. 就葛梅梅所领取的奖金，管理人应如何处理？为什么？

◢ 案情分析

本案法律关系图解如下：

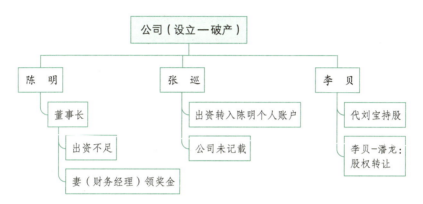

考查角度一：股东资格的取得与确认纠纷

对应案情：在确定张巡的身份时，需要注意如下细节：

(1) 签订书面投资协议的主体是陈明与张巡；

(2) 张巡将款项转入陈明的个人账户；

(3) 张巡的名字未出现在公司登记的任何文件中（如出资证明书、股东名册、工商登记等文件）。

知识要点：

本题第 1、2 问的作答，关键是要判断张巡"是否具备股东资格"。

1. 如果张巡是公司股东，则可以向公司主张权利；公司破产的，张巡还可以向破产管理人主张权利。

2. 如果张巡不是公司股东，则无权向公司主张权利，也不得向破产管理人主张权利。

根据《公司法解释（三）》第 22 条第 1 项的规定，当事人之间对股权归属发生争议，一方请求人民法院确认其享有股权的，应当证明其已经依法向公司出资或者认缴出资。

结合本案案情，张巡的投资款未入公司账户，且张巡的名字未记载于股东名册上。综上，难以判定张巡是公司股东。

考查角度二：代持股纠纷

对应案情：李贝是名义股东，刘宝是实际出资人。李贝将其代持的股权转让给善意不知情的潘龙，并在公司登记中办理了相应的股东变更。此时需要分析二者之间的股权转让行为是否有效。

知识要点：

基于公示公信，名义股东和善意第三人的股权转让合同有效。如果股权的受让人不知转让人为名义股东、背后尚有实际出资人之事实，也即受让人为善意，则股权转让行为有效。在受让人善意取得的情况下，名义股东处分股权造成实际出资人损失的，实际出资人可以请求名义股东承担赔偿责任。（《公司法解释（三）》第25条第2款）

本案案情包含如下信息：①陈明同意→满足股权对外转让的内部同意条件；②善意不知情的潘龙→受让人主观上为善意；③办理了相应的股东变更→变更手续完备。所以，潘龙合法取得了该股权。

考查角度三：公司被受理破产后，管理人能否行使追回权？

对应案情：本案最后一段告知：①陈明尚有50万元的出资未实际缴付；②陈明的妻子葛梅梅（家庭妇女）自2014年1月起，一直以公司财务经理的名义，每月自公司领取奖金4万元。此时需要分析就该两种情况的处理。

知识要点：

对应考点为"追回权"制度。其指债务人企业被受理破产后，破产管理人对出资人以及对企业管理层的某些款项可以追回。

1. 法院受理破产申请后，债务人的出资人尚未完全履行出资义务的，管理人应当要求该出资人缴纳所认缴的出资，而不受出资期限的限制。（出资加速到期）

2. 管理人代表债务人提起诉讼，主张出资人向债务人依法缴付未履行的出资或者返还抽逃的出资本息，出资人以认缴出资尚未届至公司章程规定的缴纳期限或者违反出资义务已经超过诉讼时效为由抗辩的，法院不予支持。（出资不受诉讼时效限制）

可知，陈明未缴的出资应当列入债务人财产，由管理人追回。

3. 债务人的董事、监事和高级管理人员利用职权从企业获取的非正常收入和侵占的企业财产，管理人应当追回。（《企业破产法》第36条）"非正常收入"，是指在债务人已经出现破产原因的情形下，其董事、监事和高级管理人员利用职权获取的绩效奖金等收入。（《破产法解释（二）》第24条第1款）

可知，当公司破产后，陈某妻子（公司高管）获取的奖金应当列入债务人财产，由管理人追回。

问答 ▶▶

1. 在法院受理公司破产申请前，张巡是否可向公司以及陈明主张权利？主张何种权利？为什么？

参考答案

（1）不能。

根据案情交代，陈明是以自己的名义与张巡签订的书面协议，款项也是转入陈明个人的账户，且张巡并未被登记为公司股东，故在张巡与公司之间：①张巡并未成为公司股东；②张巡与公司之间不存在法律关系。因此，张巡不能向公司主张任何权利。

（2）鉴于投资协议仅存在于张巡与陈明个人之间，张巡只能向陈明主张违约责任，请求返还所给付的投资款以及承担相应的损害赔偿责任。

> 可改写为：张巡不能向公司主张权利，其只能向陈明主张违约责任，请求返还所给付的投资款以及承担相应的损害赔偿责任。当事人之间对股权归属发生争议时，根据《公司法解释（三）》第22、23条的规定，股东已依法向公司出资或者合法受让股权是确认其享有股东权的关键。本案中，陈明是以自己的名义与张巡签订的书面协议，款项也是转入陈明个人的账户，因此，该投资协议仅存在于张巡与陈明个人之间。所以，在张巡与公司之间：①张巡并未因此成为公司股东；②张巡与公司之间不存在法律关系。因此，张巡不能向公司主张任何权利。张巡只能向陈明主张违约责任，请求返还所给付的投资款以及承担相应的损害赔偿责任。

2. 在法院受理公司破产申请后，张巡是否可向管理人主张权利？主张何种权利？为什么？

🖋 _____

参考答案 不能。

　　受理破产后，张巡不得向管理人主张权利，不得进行破产债权的申报。根据第1问的结论可知，张巡与公司之间不存在法律关系，因此，在公司进入破产程序后，张巡也不得将其对陈明的债权视为对公司的债权，进而向管理人进行破产债权的申报。

3. 李贝能否以自己并非真正股东为由，主张对潘龙的股权转让行为无效？为什么？

🖋 _____

参考答案 不能。

　　根据《公司法解释（三）》第24条第3款的规定，李贝虽为名义股东，但在对公司的关系上为真正的股东，其对股权的处分应为有权处分。退一步说，即使就李贝的股东身份在学理上存在争议，但根据《公司法解释（三）》第25条第1款股权善意取得的规定，李贝的处分行为也已成为有权处分行为。因此，为保护善意相对人，李贝也不得主张该处分行为无效。

可改写为：不能。根据《公司法解释（三）》第 25 条第 1 款股权善意取得的规定，应当保护股权善意受让人的权利。本案中，股权的受让人潘龙主观上为善意，并办理了相应的股东变更，符合善意取得的条件，可以合法取得该股权。

4. 刘宝可主张哪些法律救济？为什么？

参考答案 鉴于刘宝仅与李贝之间存在法律关系，即代持股关系，因此，刘宝只能根据该合同关系，向李贝主张违约责任，而对公司不享有任何权利主张。

5. 陈明能否以超过诉讼时效为由，拒绝 50 万元出资的缴付？为什么？

参考答案 不能。

股东的出资义务，不适用诉讼时效。（《公司法解释（三）》第 19 条第 1 款）因此，管理人在向陈明主张 50 万元出资义务的履行时，其不得以超过诉讼时效为由予以抗辩。（《企业破产法》第 35 条、《破产法解释（二）》第 20 条第 1 款）

> **可改写为**：不能。根据《企业破产法》第 35 条和《公司法解释（三）》第 19 条第 1 款的规定，股东的出资义务，不适用诉讼时效。因此，股东陈明未实际缴付的出资，在公司被受理破产时"加速到期"，其不能以出资时间超过诉讼时效为由予以抗辩。

6. 就葛梅梅所领取的奖金，管理人应如何处理？为什么？

参考答案 根据《企业破产法》第 36 条的规定，债务人的董事、监事、高级管理人员利用职权从企业获取的非正常收入，管理人负有追回义务。又根据《破产法解释（二）》第 24 条第 1 款的规定，董事、监事、高级管理人员利用职权获取的绩效奖金属于非正常收入的范围。故管理人应向葛梅梅请求返还所获取的收入，且可以通过起诉的方式予以追回。

> **可改写为**：管理人应向葛梅梅请求返还所获取的收入，且可以通过起诉的方式予以追回。根据《企业破产法》第 36 条、《破产法解释（二）》第 24 条第 1 款的规定，董事、监事、高级管理人员在债务人企业出现破产原因后，利用职权所获取的绩效奖金属于非正常收入，管理人负有追回义务。

2013 年司考卷四第五题

案情:

2012 年 5 月,兴平家装有限公司(下称兴平公司)与甲、乙、丙、丁四个自然人,共同出资设立大昌建材加工有限公司(下称大昌公司)。在大昌公司筹建阶段,兴平公司董事长马玮被指定为设立负责人,全面负责设立事务,马玮又委托甲协助处理公司设立事务。

2012 年 5 月 25 日,甲以设立中公司的名义与戊签订房屋租赁合同,以戊的房屋作为大昌公司将来的登记住所。

2012 年 6 月 5 日,大昌公司登记成立,马玮为公司董事长,甲任公司总经理。公司注册资本 1000 万元,其中,兴平公司以一栋厂房出资;甲的出资是一套设备(未经评估验资,甲申报其价值为 150 万元)与现金 100 万元。

2013 年 2 月,在马玮知情的情况下,甲伪造丙、丁的签名,将丙、丁的全部股权转让至乙的名下,并办理了登记变更手续。乙随后于 2013 年 5 月,在马玮、甲均无异议的情况下,将登记在其名下的全部股权作价 300 万元,转让给不知情的吴耕,也办理了登记变更等手续。

现查明:第一,兴平公司所出资的厂房,其所有权原属于马玮父亲;2011 年 5 月,马玮在其父去世后,以伪造遗嘱的方式取得所有权,并于同年 8 月,以该厂房投资设立兴平公司,马玮占股 80%。而马父遗产的真正继承人,是马玮的弟弟马祎。第二,甲的 100 万元现金出资,系由其朋友满钺代垫,且在 2012 年 6 月 10 日,甲将该 100 万元自公司账户转到自己账户,随即按约还给满钺。第三,甲出资的设备,在 2012 年 6 月初,时值 130 万元;在 2013 年 1 月,时值 80 万元。

问题:

1. 甲以设立中公司的名义与戊签订的房屋租赁合同,其效力如何?为什么?

2. 在 2013 年 1 月,丙、丁能否主张甲设备出资的实际出资额仅为 80 万元,进而要求甲承担相应的补足出资责任?为什么?

3. 在甲不能补足其 100 万元现金出资时，满钺是否要承担相应的责任？为什么？

4. 马祎能否要求大昌公司返还厂房？为什么？

5. 乙能否取得丙、丁的股权？为什么？

6. 吴耕能否取得乙转让的全部股权？为什么？

▣ 案情分析

本案法律关系图解如下：

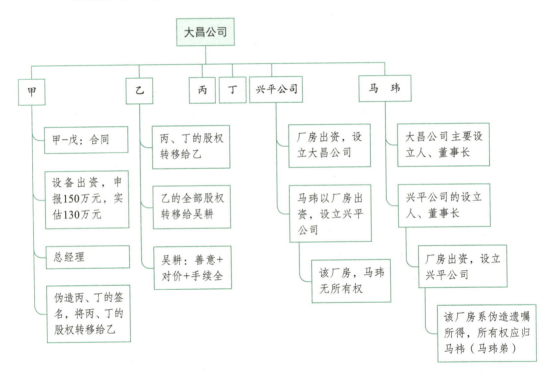

考查角度一：设立阶段所签合同的效力以及责任承担

对应案情： 发起人甲以设立中公司的名义与戊签订房屋租赁合同。需要判断该合同的效力。

知识要点：

在判断房屋租赁合同的效力时，首先要明确"设立中公司"的法律性质。

"设立中"是指从设立开始到公司最终成立这一阶段。此时公司尚未成立，所以，"设立中公司"在理论上的性质为发起人之间的合伙。《民法典》第 75 条第 1 款规定："设立人为设立法人从事的民事活动，其法律后果由法人承受。"据此可知，法律允许法人在设立阶段从事民事活动。故本案发起人甲以设立中公司的名义所签的房屋租赁合同，因案情未出现合同无效等情形，是有效合同。

考查角度二：出资方式合法性的判断

对应案情：大昌公司于 2012 年 6 月 5 日登记成立时，甲将一套价值 130 万元的设备申报为 150 万元，作为出资。到了 2013 年 1 月，该设备时值 80 万元。

知识要点：

出资不实，是指出资的非货币财产的实际价额显著低于公司章程所定价额。要点为：

1. 判断"出资不实"的时间点是"设立时"，该非货币财产的价值是否被虚假高估。

2. 公司成立后，出资财产因客观因素导致的贬值的，不属于"虚假高估"，出资人无需承担相应的补足出资责任。

《公司法解释（三）》第 15 条　出资人以符合法定条件的非货币财产出资后，因市场变化或者其他客观因素导致出资财产贬值，公司、其他股东或者公司债权人请求该出资人承担补足出资责任的，人民法院不予支持。但是，当事人另有约定的除外。

本案中，大昌公司成立时，甲虚假高估设备价值 20 万元，因此，甲应当补足 20 万元。至于公司成立后约半年（2013 年 1 月），该设备贬值，并非"设立时虚假高估"，而是基于市场变化或者其他客观因素导致的，甲对该部分的贬值主观上无故意，无需对成立后的贬值补足。

考查角度三：抽逃出资的认定以及责任承担

对应案情：甲用以出资的 100 万元现金，系由其朋友满钺代垫，且在公司成立后，甲立即将该 100 万元自公司账户转到自己账户，随即还给满钺。该题考查的是"垫付出资"是否构成抽逃出资。

知识要点：

抽逃出资是指未经法定程序将出资抽回的行为。垫付出资是指第三人代垫资金协助发起人设立公司。要点为：

1. 抽逃出资的行为方式：假利、假债、关联交易。毫无疑问，本案中，股东甲构成抽逃出资。

2. 在 2014 年修正《公司法解释（三）》后，因为<u>允许垫付出资</u>，所以不能认定满钺代垫出资的行为违法。请看下面一个案例：

陆燕楠明知吴孙木等人借款是为了取得公司工商登记，并在公司成立后抽逃出资，仍然出借款项，共同故意明显，该事实已被（2013）滁刑终字第 153 号生效刑事判决所确认，陆燕楠也因此受到刑事处罚，故原判陆燕楠连带承担吴孙木等公司发起人因抽回出资而产生的相应责任，符合《公司法解释（三）》第 15 条的相关规定。但自 2014 年 3 月 1 日起，《最高人民法院关于修改关于适用〈中华人民共和国公司法〉若干问题的规定的决定》，删去了原《公司法解释（三）》第 15 条[1]并规定在该决定施行后尚未终审的股东出资相关纠纷案件适用该决定。因此，原审判决陆燕楠连带承担发起人因抽回出资而产生的相应责任的法律依据，因公司法和相关司法解释的修改而没有法律依据，故陆燕楠的此节上诉理由成立，本院予以采纳。［摘自安徽省高级人民法院民事判决书（2014）皖民二终字第 00156 号，裁判日期：2014 年 5 月 20 日］

考查角度四：以不享有所有权的财产出资的处理

对应案情：马玮以伪造遗嘱的方式取得本属于其弟弟马祎的厂房所有权，并以该厂房投资设立兴平公司。后兴平公司以该厂房出资设立大昌公司。

该厂房的流转图是：

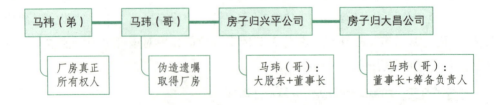

马祎（弟）—— 马玮（哥）—— 房子归兴平公司 —— 房子归大昌公司

- 厂房真正所有权人
- 伪造遗嘱取得厂房
- 马玮（哥）：大股东+董事长
- 马玮（哥）：董事长+筹备负责人

---

[1] 原《公司法解释（三）》第 15 条规定："第三人代垫资金协助发起人设立公司，双方明确约定在公司验资后或者在公司成立后将该发起人的出资抽回以偿还该第三人，发起人依照前述约定抽回出资偿还第三人后又不能补足出资，相关权利人请求第三人连带承担发起人因抽回出资而产生的相应责任的，人民法院应予支持。"（已经于 2014 年被删除）

知识要点：

1. 出资人以不享有处分权的财产出资，当事人之间对于出资行为效力产生争议的，人民法院可以参照《民法典》第 311 条的规定（善意取得制度）予以认定。（《公司法解释（三）》第 7 条第 1 款）

2. 法人的善恶如何体现？因为公司是一个团体、一个商事组织，所以，公司行为能力要依靠公司机关（股东会、董事会）或其法定代表人来实现。本题中，马玮（哥）的身份特殊，其既是兴平公司的大股东和董事长，同时又是大昌公司筹备组的主要负责人和董事长，所以，兴平公司以及大昌公司的善恶均由马玮的行为来体现。

3. 在考虑"马祎-厂房"之间的关系时，关键是判断受让人（大昌公司）是否为"善意"。如果"善意"，则该厂房所有权归大昌公司，马祎（弟）无法追回；如果"非善意"，则大昌公司不能取得该厂房所有权，马祎（弟）可以追回。

就上述厂房变动流程，可知：

马玮（哥）没有取得该厂房所有权，其处分厂房为"无权处分"→受让人兴平公司不构成善意取得，属于无权处分→第二次受让人大昌公司不构成善意取得→说明两次无权处分，受让人均不符合"善意取得"的条件。所以，马祎（弟）是该厂房的原权利人，可以取回该厂房。

考查角度五：转让不享有处分权的股权如何处理

对应案情：甲伪造丙、丁的签名，将丙、丁的全部股权转让至乙的名下，并办理了登记变更手续。乙随后将登记于其名下的全部股权转让给善意第三人（吴耕）。

知识要点：

因股权具有财产属性，故有限责任公司的股东可以转让其合法持有的股权。但将不享有处分权的股权转让，或未经合法程序转让股权的，应当如何处理？我国承认股权的"善意取得"，所以关键是要考虑股权受让人是否符合"善意取得"的条件。

具体到本案，股权被转让了两次：

第一次转让："甲→乙"之间的股权转让。该次转让未经过合法程序，并非原权利人丙、丁的真实意图。并且，因为该次股权转让是在公司股东内部流转，可推定受让人乙是知情人。所以，乙不能取得该股权。

第二次转让："乙→吴耕"之间的股权转让。乙本为公司股东，其转让的全部股权应当加以区分：对于自己合法持有部分，当然可以转让；对于无权受让的丙、丁的股权部分，要考虑受让人（吴耕）是否符合善意取得的条件。根据题意可知，吴耕可善意取得乙的股权。

问答 ▶▶▶

1. 甲以设立中公司的名义与戊签订的房屋租赁合同，其效力如何？为什么？

✍ _____

_____

_____

_____

_____

_____

_____

参考答案 有效。设立中的公司可以实施法律行为。

> **可改写为**：有效。因为设立中公司的性质为发起人之间的合伙，根据《民法典》第75条第1款的规定，允许法人在设立阶段从事民事活动，所以，本案发起人甲以设立中公司的名义所签的房屋租赁合同有效。

2. 在2013年1月，丙、丁能否主张甲设备出资的实际出资额仅为80万元，进而要求甲承担相应的补足出资责任？为什么？

✍ _____

_____

_____

_____

_____

_____

参考答案 不可以。

要确定甲是否已履行出资义务，应以设备交付并移转所有权至公司时为准，故应以 2012 年 6 月初之 130 万元作为确定甲承担相应的补足出资责任的标准。

> 可改写为：不可以。根据《公司法解释（三）》第 15 条的规定，出资人以符合法定条件的非货币财产出资后，因市场变化或者其他客观因素导致出资财产贬值的，该出资人无需承担补足出资责任。本案中，甲出资的设备在 2012 年 6 月初交付时被虚假高估 20 万元，应当以此作为确定甲承担相应的补足出资责任的标准。所以丙、丁以 2013 年 1 月的设备价值作为主张甲承担相应的补足出资责任的标准，不能得到支持。

3. 在甲不能补足其 100 万元现金出资时，满铖是否要承担相应的责任？为什么？

参考答案 满铖不应承担相应的责任。

　　垫付出资人并非抽逃出资人，并且，案情中未显示其和抽逃出资的股东构成共同侵权，所以主张垫付出资人满铖和抽逃出资的股东甲承担连带责任于法无据。

　　（提示：本问的官方答案是"满铖应承担连带责任"。因为 2014 年修正了《公司法解释（三）》，本问答案修改为"不承担相应的责任"。）

4. 马祎能否要求大昌公司返还厂房？为什么？

参考答案 可以。

首先，继承无效，马玮不能因继承取得该厂房所有权。而马玮将该厂房投资设立了兴平公司，因其是兴平公司的董事长，其主观恶意视为所代表公司的恶意，因此也不能使兴平公司取得该厂房所有权。

其次，兴平公司将该厂房再投资于大昌公司时，马玮又是大昌公司的设立负责人与成立后的公司董事长，同样，大昌公司也不符合善意取得的条件，不能取得该厂房所有权。

因此，该厂房所有权仍应归属于马祎，其可以向大昌公司请求返还。

5. 乙能否取得丙、丁的股权？为什么？

参考答案 不能。

乙与丙、丁之间根本就不存在股权转让行为，丙、丁的签字系由甲伪造，且乙在主观上不可能是善意，故不存在善意取得的可能。

> 可改写为：不能。根据《民法典》第7条规定的诚信原则和商事交易惯例，乙欲取得丙、丁的全部股权，应当和丙、丁协商。本案中，因乙与丙、丁之间根本就不存在股权转让行为，丙、丁的签字系由甲伪造，且乙在主观上不可能是善意，故不存在善意取得的可能。

6. 吴耕能否取得乙转让的全部股权？为什么？

✎ _____

参考答案 可以。

乙自己原持有的股权合法有效，故可以有效地转让给吴耕。至于乙所受让的丙、丁的股权，虽然无效，但就股权无权转让纠纷，法院可以参照《民法典》第311条"善意取得"的规定处理。本案中，吴耕为善意，并已办理登记变更等手续，故其可以主张股权的善意取得。

2012 年司考卷四第四题

案情：

2009 年 1 月，甲、乙、丙、丁、戊共同投资设立鑫荣新材料有限公司（以下简称"鑫荣公司"），从事保温隔热高新建材的研发与生产。该公司注册资本 2000 万元，各股东认缴的出资比例分别为 44%、32%、13%、6%、5%。其中，丙将其对大都房地产开发有限公司（以下简称"大都房地产公司"）所持股权折价成 260 万元作为出资方式，经验资后办理了股权转让手续。甲任鑫荣公司董事长与法定代表人，乙任公司总经理。

鑫荣公司成立后业绩不佳，股东之间的分歧日益加剧。当年 12 月 18 日，该公司召开股东会，在乙的策动下，乙、丙、丁、戊一致同意，限制甲对外签约合同金额在 100 万元以下，如超出 100 万元，甲须事先取得股东会同意。甲拒绝在决议上签字。此后公司再也没有召开股东会。

2010 年 12 月，甲认为产品研发要想取得实质进展，必须引进隆泰公司的一项新技术。甲未与其他股东商量，即以鑫荣公司法定代表人的身份，与隆泰公司签订了金额为 200 万元的技术转让合同。

2011 年 5 月，乙为资助其女赴美留学，向朋友张三借款 50 万元，以其对鑫荣公司的股权作为担保，并办理了股权质权登记手续。

2011 年 9 月，大都房地产公司资金链断裂，难以继续支撑，不得不向法院提出破产申请。经审查，该公司尚有资产 3000 万元，但负债已高达 3 亿元，各股东包括丙的股权价值几乎为零。

2012 年 1 月，鉴于鑫荣公司经营状况不佳及大股东与管理层间的矛盾，小股东丁与戊欲退出公司，以避免更大损失。

问题：

1. 2009 年 12 月 18 日股东会决议的效力如何？为什么？
2. 甲以鑫荣公司名义与隆泰公司签订的技术转让合同效力如何？为什么？

3. 乙为张三设定的股权质押效力如何？为什么？

4. 大都房地产公司陷入破产，丙是否仍然对鑫荣公司享有股权？为什么？

5. 丁与戊可以通过何种途径保护自己的权益？

案情分析

本案法律关系图解如下：

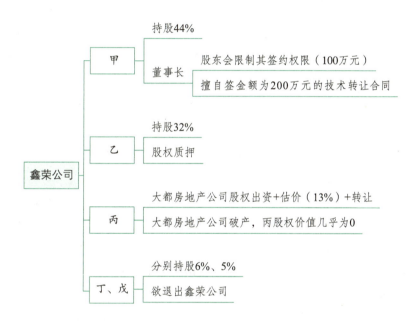

考查角度一：股东会决议的效力

对应案情： 2009 年 12 月 18 日，公司召开股东会，限制法定代表人甲对外签约合同的金额。需要判断此次股东会决议的效力。

知识要点：

股东会决议的效力判断，需要从"决议程序"和"决议内容"两方面进行分析。

首先，决议程序方面，该次股东会决议事项不属于《公司法》第 43 条第 2 款规定的需要"2/3 以上表决权"通过的重大事项，只需要表决权过半数的股东同意，决议即可生效，所以该股东会表决方式合法。（必须经代表 2/3 以上表决权的股东通过的事项，包括修改公司章程、增加或者减少注册资本的决议，以及公司合并、分立、解散或者变更公司形式的决议）

其次，决议内容方面，股东会是公司的权力机构，董事会对股东会负责，执行股东会的决议。因此，本案股东会就董事长甲的职权的行使作出限制，该决议内容不违反《公司法》的规定。但甲的身份是"法定代表人"，根据《民法典》第61条第3款的规定，法人章程或者法人权力机构对法定代表人代表权的限制，不得对抗善意相对人。所以该技术转让合同有效。

考查角度二：股权出资是否合法有效，是否构成"出资不实（贬值）"

对应案情：股东丙的出资为"其持有的大都房地产公司的股权"。后大都房地产公司破产，丙持有的股权价值几乎为0。此时需要判断丙以股权出资是否有效。

知识要点：

1. 股权是公司法明确允许的出资形式。根据《公司法解释（三）》第11条第1款的规定，出资人以其他公司股权出资，符合下列条件的，人民法院应当认定出资人已履行出资义务：①出资的股权由出资人合法持有并依法可以转让；②出资的股权无权利瑕疵或者权利负担；③出资人已履行关于股权转让的法定手续；④出资的股权已依法进行了价值评估。

可知，在鑫荣公司设立时，丙用以大都房地产公司的股权出资符合"合法性+无瑕疵+手续全+已评估"的要件，是合法有效的出资形式。

2. 出资不实，是指发现作为设立公司出资的非货币财产的实际价额显著低于公司章程所定价额的情形，也就是常见的"虚假高估"情形。需要注意的是，根据《公司法解释（三）》第15条的规定，出资人以符合法定条件的非货币财产出资后，因市场变化或者其他客观因素导致出资财产贬值，公司、其他股东或者公司债权人请求该出资人承担补足出资责任的，人民法院不予支持。但是，当事人另有约定的除外。该法条意指，如果出资贬值是在公司成立后才发生的，则不能认定为设立公司出资时"虚假评估"。

因此，在鑫荣公司成立2年之后，虽然丙用以出资的股权价值贬损，但这不是设立鑫荣公司时丙虚假出资，不能否定丙出资的效力。

考查角度三：股东退出机制（股权转让、公司回购股权）

对应案情：本题最后一段为："2012年1月，鉴于鑫荣公司经营状况不佳及大股东与管理层间的矛盾，小股东丁与戊欲退出公司。"需要考虑两位小股东如何保护自己的利益。

知识要点：

该段表述有如下细节提示，根据细节可推定股东采取的措施：

1."经营状况不佳""管理层矛盾"的表述，意指公司处于僵局状态，可通过解散公司来维护股东权益。

《公司法》第182条　公司经营管理发生严重困难，继续存续会使股东利益受到重大损失，通过其他途径不能解决的，持有公司全部股东表决权10%以上的股东，可以请求人民法院解散公司。

2. "退出公司"的表述，意指通过股权转让、公司回购股权（本题不满足股权回购的条件）离开公司，以维护股东利益和公司继续存续。

《公司法》第71条第2款　股东向股东以外的人转让股权，应当经其他股东过半数同意。

问答 ▶▶

1. 2009年12月18日股东会决议的效力如何？为什么？

参考答案 股东会决议有效。股东会有权就董事长的职权行使作出限制，且表决权过半数的股东已在决议上签字。

2. 甲以鑫荣公司名义与隆泰公司签订的技术转让合同效力如何？为什么？

参考答案 合同有效。

尽管甲作为法定代表人超越了公司对其职权的限制，但根据《民法典》第 504 条的规定，即越权行为有效规则，公司对外签订的合同依然是有效的。

3. 乙为张三设定的股权质押效力如何？为什么？

参考答案 股权质押有效，张三享有质权。

根据《民法典》第 443 条第 1 款的规定，以股权出质的，质权自办理出质登记时设立。本案中，张三已经按照规定办理了股权质押登记，符合股权质押生效规则。

4. 大都房地产公司陷入破产，丙是否仍然对鑫荣公司享有股权？为什么？

参考答案 丙享有股权。

丙以其对大都房地产公司的股权出资时，大都房地产公司并未陷入破产，丙不构成虚假出资，且丙已经办理了股权转让手续。虽然后来大都房地产公司破产，但这是市场变化或者其他客观因素导致丙的出资财产贬值，根据《公司法解释（三）》第 15 条的规定，不能否定丙的出资效力。

5. 丁与戊可以通过何种途径保护自己的权益？

参考答案 根据《公司法》第 71 条的规定，丁与戊可以通过向其他股东或第三人转让股权的途径退出公司；或根据《公司法》第 182 条的规定，丁与戊合计持股比例为 11%，当鑫荣公司陷入僵局状态时，二人可联合提起诉讼，请求法院强制解散公司来保护自己的权益。

2022年民商诉融合主观题
（商法相关）

案情：

2021年1月，南峰市鹿台区的甲公司因扩大经营的需要，拟发行公司债券融资。平远市凤凰区乙公司的大股东兼法定代表人李某也是甲公司的股东，为帮助甲公司销售债券，李某找到平远市金龙区丙公司的总经理吴某，要求丙公司帮忙购买甲公司债券。

2021年4月，甲公司债券（3年期，年利率8%）正式发行。4月5日，甲公司与丙公司在南峰市鹿台区签订《债券认购及回购协议》，约定丙公司认购甲公司5000万元债券；甲公司应在1年后以5500万元的价格进行回购，如逾期未回购，甲公司向丙公司支付1000万元的违约金。合同还载明，因本合同产生的一切纠纷，均应提交甲公司所在地的南峰市鹿台区法院解决。

4月8日，李某代表乙公司与丙公司在平远市金龙区签订《担保合同》，约定乙公司为甲公司的回购义务及违约责任等提供"充分且完全的担保"。该担保合同载明："因本合同发生的纠纷，双方应友好协商；协商无法解决的，应提交平远仲裁委员会解决。"在签约前，丙公司询问李某是否征得了股东会的同意，李某向丙公司提供了一份微信群聊天记录，显示李某曾就担保一事征求乙公司其他两位股东张某、孙某的意见，二人均微信回复"无异议"。

同日，李某个人应丙公司请求，就甲公司的回购义务向丙公司提供担保，并明确约定担保方式为：丙公司曾向李某个人借款3000万元，将于2021年7月31日到期；到期后，丙公司可以暂不返还该借款，以此作为李某对甲公司回购义务的担保。

2021年7月31日，丙公司未向李某支付该笔借款。

2022年4月，回购日期届至，甲公司未履行回购义务，丙公司沟通无果，向鹿台区法院起诉甲公司、乙公司，提出诉讼请求一：甲公司履行回购义务并支付违约金1000万元；诉讼请求二：乙公司对甲公司上述义务承担连带责任。甲公司在答辩期间提交答辩状，认为违约金过高，请求法院予以减少。乙公司在答辩期间也提交了答辩状，未提出管辖权异议，但在开庭中提出，担保合同中存在仲裁协议，鹿台区法院对案件无管辖权。乙公司其他两位股东张某、孙某知悉该诉讼的消息后，向法院表示，依照公司章程，公司对外担保应经过股东会决议，乙公司为甲公司提供的保证仅为李某个人的意思，未经公司股东会决议，应为无效。李某则表示，虽没有召开股东会，但李某通过微信聊天征求过张某和孙某的意见，他们均未表示反对。李某还提供了一份三人微信聊天记录截图的纸质打印件，并表示因为手机更换，只能提供当时聊天记录截图的纸质打印版。丙公司另行向平远市金龙区法院起诉李某，请求确认李某对其的3000万元债权已因承担担保责任而消灭。

后丙公司发现，乙公司本身已无有价值的财产，但其全资控股了主营建筑业务的丁公司。丙公司认为，丁公司长期与乙公司混用财务人员、其他工作人员和工作场所，账目不清，其财产无法与乙公司财产相区分，应与乙公司承担连带责任。丁公司承揽的戊公司的建设工程已竣工验收，但戊公司尚未依照合同约定的时间支付价款1000万元。因此，丙公司希望丁、戊两公司一并承担责任。

问题：（本书仅分析和商法相关的问题）

1. 张某和孙某提出乙公司担保合同无效的主张是否成立？请说明理由。
2. 丙公司是否有权要求丁公司承担连带责任？请说明理由。

案情分析

考查角度一：没有形成公司决议，但公司要承担担保责任的情形

对应案情：担保人乙公司未召开股东会，但股东（李某、张某、孙某）通过微信群聊，同意乙公司为甲公司的回购义务及违约责任等提供"充分且完全的担保"。需要判断该担保合同是否有效以及乙公司是否要承担担保责任。

知识要点：

原则上，担保行为不是公司法定代表人（李某）所能单独决定的事项，要以公司机关的决议为担保授权的基础和来源。但下列情形，公司未依照上述关于公司对外担保的规定作出决议的，仍要承担担保责任：

1. 金融机构开立保函或者担保公司提供担保。
2. 公司为其全资子公司开展经营活动提供担保。
3. 担保合同系由单独或者共同持有公司2/3以上对担保事项有表决权的股东签字同意。
4. 一人有限责任公司为其股东提供担保。
5. 相对人根据上市公司公开披露的关于担保事项已经董事会或者股东大会决议

通过的信息，与上市公司订立担保合同，担保合同对上市公司发生效力，并由上市公司承担担保责任。

本案中，从实体法角度，该担保合同经乙公司全体股东同意，超过"持有公司2/3以上对担保事项有表决权的股东"同意的条件；从程序法角度，微信聊天记录截图属于电子数据，其内容证明了张某和孙某同意对外担保，和待证事实之间具有关联性，经合法取得，对方当事人也未对其真实性提出异议，故具备证据能力（参见刘鹏飞老师对应的解析）。

所以，乙公司作出的担保合同有效，应当承担担保责任。

考查角度二：人格混同时，公司是否应当对其股东的债务承担连带责任？（人格逆向否认）

对应案情： 乙公司全资控股丁公司，且二者人格混同。乙公司和丙公司存有债务纠纷且乙公司无法清偿，债权人丙公司主张丁公司承担连带责任。

知识要点：

1. 《公司法》第20条第3款规定了由滥用权利的股东对公司债务承担连带责任的制度，即"公司股东滥用公司法人独立地位和股东有限责任，逃避债务，严重损害公司债权人利益的，应当对公司债务承担连带责任"。这是我们熟悉的"公司人格否认"制度。

2. 但目前司法实践中，经常出现控制股东或实际控制人对公司过度支配与控制的情形，控制股东操纵公司的决策过程，使公司完全丧失独立性，沦为控制股东逃避债务、非法经营，甚至违法犯罪的工具。在这种股东与公司人格混同的情形下，当股东不能清偿债务时，公司是否应当对股东债务承担连带责任？

该问题在《公司法》中没有明确规定，但在2019年《九民纪要》第11点中有所体现："控制股东或实际控制人控制多个子公司或者关联公司，滥用控制权使多个子公司或者关联公司财产边界不清、财务混同，利益相互输送，丧失人格独立性，沦为控制股东逃避债务、非法经营，甚至违法犯罪工具的，可以综合案件事实，否认子公司或者关联公司法人人格，判令承担连带责任。"

另外，在"华夏银行股份有限公司武汉洪山支行、北京长富投资基金股权转让纠纷再审案"［案例索引：（2019）最高法民终542号、（2020）最高法民申2158号］中，最高人民法院也支持公司人格逆向否认。

案情： 甲公司与A公司签订《股权转让协议》，将其65%的股权有偿转让给A公司并完成了股权变更登记手续，但A公司未完全支付对价。另查明，A公司现持有B公司100%的股权。甲公司诉至法院，要求A、B公司承担连带责任。

问题： B公司是否应当对股东A公司的债务承担连带责任？

裁判要点：《公司法》第 63 条规定："一人有限责任公司的股东不能证明公司财产独立于股东自己的财产的，应当对公司债务承担连带责任。"该规定虽系股东对公司债务承担连带责任，但在目前的司法实践中，在股东与公司人格混同的情形下，公司亦可对股东债务承担连带责任。本案中，A 公司未提交证据证明 B 公司财产独立于其自己的财产，两公司在法律上应视为同一责任主体，构成人格混同。一审法院关于"B 公司与 A 公司人格混同，B 公司应对 A 公司债务承担连带清偿责任"的认定并无不当。

问答

1. 张某和孙某提出乙公司担保合同无效的主张是否成立？请说明理由。

参考答案 不成立。

　　"持有 2/3 表决权的股东签字同意的，无需召开股东会，担保有效。"本案中，微信中的回复具有书面签字的效力；"无异议"的表述应解释为"同意"。因此，本担保已经乙公司全体股东书面同意。（张翔老师解析）

2. 丙公司是否有权要求丁公司承担连带责任？请说明理由。

参考答案 有权。

　　控制股东（乙公司）滥用控制权，不能证明自己的财产独立于其子公司（丙公司）的财产，两公司在法律上应视为同一责任主体，构成人格混同。《公司法》第63条的规定虽系股东为一人有限责任公司的债务承担连带责任，但在目前的司法实践中，在股东与公司人格混同的情形下，公司亦可对股东债务承担连带责任。

　　[提示：上述理由参见（2019）最高法民终542号、（2020）最高法民申2158号裁判要点]

2020 年民法+商法融合主观题
（商法相关）

案情：

甲公司（位于西上市东河区）有 A、B 两个股东，各占 50% 股权。乙公司（位于东下市西河区）是从事房地产开发的公司，是成明公司设立的全资子公司。A 和 B 以个人的名义找到乙公司并与乙公司协商，二人以甲公司享有的某地块的土地使用权出资，设立承接房地产开发的项目公司。双方达成合作开发协议，并约定如下：①以乙公司为项目运营的商事主体；②A 和 B 不涉及乙公司的管理事务，由乙公司全权负责房地产开发管理（包括投资、以土地使用权设定抵押、建设工程等），准备相应资质权证等；③A 和 B 分别占有项目公司 20% 的股份，待房地产开发完，可以分得总共 40% 的房产；④A 和 B 分得房产后，即应无偿将持有的股权转回到乙公司名下；⑤约定如因履行协议发生争议，由被告所在地法院管辖。协议签订后，双方对乙公司的股权进行了变更，并根据股权的调整完成了工商变更登记。

问题：（本书仅分析和商法相关的问题）

A、B 与乙公司交易的性质如何界定？在甲公司无法清偿其债务时，甲公司的债权人能否直接请求 A、B 承担连带责任？为什么？

↘ 案情分析

考查角度：股权让与担保的认定

对应案情：本题的问题对应如下案情：

1. A 和 B 以甲公司享有的某地块的土地使用权出资；乙公司全权负责该项目公司。

2. A 和 B 分别占有项目公司 20% 的股份，待房地产开发完，可以分得总共 40% 的房产。

3. A 和 B 分得房产后，无偿将持有的股权转回到乙公司名下。

本题需要考虑下列关系：

A、B（股东）与甲公司的关系：将甲公司享有的土地使用权以自己的名义出资，是否构成滥用股东权？

A、B（债权人）与乙公司（债务人）的关系：合作开发协议的性质如何认定？

知识要点：

1. A、B（股东）与甲公司的关系构成滥用公司独立地位。

公司股东应当遵守法律、行政法规和公司章程，依法行使股东权利，不得滥用股东权利损害公司或者其他股东的利益，不得滥用公司法人独立地位和股东有限责任损害公司债权人的利益。

本案中，A、B作为甲公司的股东，将甲公司拥有的土地使用权以股东个人的名义出资与乙公司设立新的项目公司。因为股东A、B无偿使用甲公司的财产，使得甲公司丧失独立意思和独立财产，导致甲公司的财产与股东A、B的个人财产无法区分，符合上述滥用股东权利损害公司或者其他股东的利益的情形。

同时，股东不得滥用公司法人独立地位和股东有限责任损害公司债权人的利益。若逃避债务，严重损害公司债权人利益，则该滥用权利的股东应当对公司债务承担连带责任。

2. A、B与乙公司交易的性质为股权让与担保。

股权让与担保，是指债务人或者第三人通过将股权转让至债权人名下的方式，为主合同项下的债务提供担保。本案中，A、B与乙公司交易的内容是，乙公司承担将40%的房产移转至A、B名下的债务，而乙公司将40%的股权移转至A、B名下，目的即在于用该股权担保自己交付房产的债务的履行，待房产交付的债务完成后，A、B则将40%股权转回。该交易名义上是转让股权，实质上是为交房债务提供担保，构成"让与担保"。

问答 ▶▶

A、B与乙公司交易的性质如何界定？在甲公司无法清偿其债务时，甲公司的债权人能否直接请求A、B承担连带责任？为什么？

参考答案

（1）A、B 与乙公司交易的性质为股权让与担保。根据 A、B 与乙公司交易的内容，乙公司承担将 40% 的房产移转至 A、B 名下的债务，而乙公司将 40% 的股权移转至 A、B 名下，目的即在于用该股权担保自己债务的履行。

（2）A、B 作为甲公司的股东，将甲公司拥有的土地使用权用作自己的出资，构成滥用控股股东身份，与公司人格混同，损害公司利益。故甲公司的债权人有权基于"公司人格否认"之规定，直接请求 A、B 对甲公司的债务承担连带责任。（张翔老师解析）

2019年民法+民诉+商法融合主观题
（商法相关）

案情：

甲公司与乙公司之间签订借款合同，由乙公司向甲公司提供借款8000万元。在债务履行期届满前，甲、乙两公司又达成了一个以物抵债的协议，约定到期如果不能履行债务，用甲公司的办公大楼抵债，甲公司将办公楼交付给乙公司使用，但未办理过户登记。甲公司的债权人丙公司得知该情况后，向法院主张撤销该抵债合同，因为甲公司的办公楼价值1.2亿元，该以物抵债协议价格过低。乙公司主张甲公司还有充足的财产可以偿债，故不应支持丙公司的诉讼请求。

甲公司经营困难，为了筹钱，王某在甲公司的股东张某提供保证的情况下，借款给甲公司，张某的妻子杨某对此并不知情。同时，甲公司将一张以自己为收款人的汇票质押给王某，该票据出票人记载有"禁止转让"字样。

甲公司将自己的厂房出租给丁公司，但出租时厂房里面仍然有一些原料和半成品没有运走，丁公司见状便使用了这些原料和半成品。后甲公司债权人戊公司主张甲公司与丁公司物料混同，进而构成人格混同，当甲公司不能清偿到期债务时，丁公司应当承担连带责任。

另外，甲公司与己公司签订的轮胎买卖合同中，甲公司将轮胎出卖给己公司，己公司支付了货款，但甲公司一直没有交付轮胎，己公司遂将其诉至法院。己公司胜诉后，甲公司交付了轮胎，但己公司发现轮胎有严重质量问题，无法使用。于是，己公司又起诉甲公司，要求解除轮胎买卖合同。

甲公司设立诸多全资子公司，利用其控股地位统一调配资金给子公司，向其全资子公司多次无偿调取资金且关联公司之间账目不清。现因甲公司无法清偿债务，债权人辛公司和庚公司申请对甲公司及其全部子公司合并重整。

问题：（本书仅分析和商法相关的问题）

1. 债权人王某能否取得汇票的质权？为什么？
2. 戊公司能否要求丁公司承担连带责任？

3. 辛公司和庚公司能否向法院申请甲公司及其全部子公司合并重整？

4. 如果甲公司及其全部子公司可以合并重整，对于债权人有什么影响？

📖 案情分析

考查角度一： 票据的特殊记载事项，对票据行为产生的影响

对应案情： 甲公司为筹钱，将一张汇票质押给王某，该票据出票人记载有"禁止转让"字样。

知识要点：

1. 汇票权利可以设定质押。综合《民法典》和《票据法》的规定，票据权利质押的要求包括：①是债务人或者第三人有权处分的票据权利；②质权自权利凭证交付质权人时设立；③质押时应当以背书记载"质押"字样。（《民法典》第440、441条，《票据法》第35条第2款）

2. 要关注票据的特殊记载，如本案票据有"禁止转让"的记载。此处的陷阱是要区分"背书人记载禁止转让"和"出票人记载禁止转让"。

（1）出票人记载"禁止转让"字样，其后手以此票据进行质押，通过质押取得票据的持票人主张票据权利的，法院不予支持。

（2）背书人记载"禁止转让"字样，其后手以此票据进行质押的，原背书人对后手的被背书人不承担票据责任，但不影响出票人、承兑人以及原背书人之前手的票据责任。

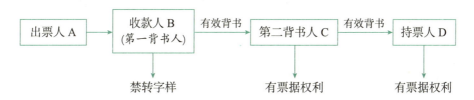

3. 本案告知该票据由出票人记载"禁止转让"，所以持票人甲公司的票据权利受到限制，其无权以该票据权利设定质押。另外，由于票据质押需要在票据上表明

"质押"字样并签章，基于票据的文义性，通过质押取得该张票据的持票人（债权人王某）不能满足"善意取得"的条件，因此，王某不能取得汇票的质权。

考查角度二：是否构成"人格混同"，能否否认公司法人人格

对应案情： 甲公司将厂房出租给丁公司，丁公司使用厂房中的原料和半成品，但是甲、丁两公司之间没有持股关系。需要判断甲公司和丁公司是否构成"人格混同"。

知识要点：

公司法人人格否认，是指公司股东滥用公司法人独立地位和股东有限责任，逃避债务，严重损害公司债权人利益的，应当对公司债务承担连带责任。

该制度是解决"股东-公司-债权人"三者之间的关系，是为矫正有限责任制度在特定法律事实发生时对债权人保护的失衡现象。《公司法》确立了否认公司独立人格的规则，即由滥用公司法人独立地位和股东有限责任的股东对公司债务承担连带责任，理论上称为"公司人格否认"或"揭开公司面纱"。

1. 是否构成"人格混同"，要考虑主体之间是否是"股东-公司"的关系。本案丁公司和甲公司仅是租赁法律关系，并无持股关系，不符合主体要件。

2. 是否构成"人格混同"，要考虑具体行为。在"股东-公司"的关系中，人格混同的常见场景包括：

（1）股东无偿使用公司资金或者财产，不作财务记载的。例如，某夫妻公司，丈夫将公司当作自己的钱袋子，随意提取，构成混同。

（2）股东用公司的资金偿还股东的债务，或者将公司的资金供关联公司无偿使用，不作财务记载的。

（3）公司账簿与股东账簿不分，致使公司财产与股东财产无法区分的。

（4）股东自身收益与公司盈利不加区分，致使双方利益不清的。

（5）公司的财产记载于股东名下，由股东占有、使用的。

（6）人格混同的其他情形。

本案中，即使变换案情条件，设定"丁公司是甲公司的股东"，仅凭借案情信息"丁公司使用租赁厂房中的物料"，也不能认定为"人格混同"，因为此行为不足以否定甲公司具有独立的意思表示。

考查角度三：关联企业破产适用的程序和后果

对应案情： 甲公司和其子公司之间账目不清，现甲公司申请破产。需要判断关联企业是构成"高度混同"还是"一般混同"，是否严重损害债权人利益。

知识要点：

"合并重整"这个词语，从字面意思分析，是在"重整程序"中融入"合并"

规则，也就是将本来独立的、若干企业的重整，合并到一个破产法院审理，适用相同的破产程序。很显然，这是从提高效率、节约诉讼成本方面考量的。

2018年3月公布的《全国法院破产审判工作会议纪要》明确了"关联企业破产"，将关联企业破产程序分为"实质合并审理"与"协调审理"两类。

1. 实质合并审理

（1）实质合并审理的前提。当关联企业成员之间存在法人人格高度混同、区分各关联企业成员财产的成本过高、严重损害债权人公平清偿利益的情形时，可例外适用关联企业实质合并破产方式进行审理。

（2）实质合并审理的管辖原则与冲突解决。采用实质合并方式审理关联企业破产案件的，应由关联企业中的核心控制企业住所地法院管辖。核心控制企业不明确的，由关联企业主要财产所在地法院管辖。多个法院之间对管辖权发生争议的，应当报请共同的上级法院指定管辖。

（3）实质合并审理的法律后果。人民法院裁定采用实质合并方式审理破产案件的，各关联企业成员之间的债权债务归于消灭，各成员的财产作为合并后统一的破产财产，由各成员的债权人在同一程序中按照法定顺序公平受偿。采用实质合并方式进行重整的，重整计划草案中应当制定统一的债权分类、债权调整和债权受偿方案。

（4）实质合并审理后的企业成员存续。适用实质合并规则进行破产清算的，破产程序终结后各关联企业成员均应予以注销。适用实质合并规则进行和解或重整的，各关联企业原则上应当合并为一个企业。根据和解协议或重整计划，确有需要保持个别企业独立的，应当依照企业分立的有关规则单独处理。

2. 协调审理（较少考查）

（1）适用协调审理程序的前提。多个关联企业成员均存在破产原因但不符合实质合并条件的，人民法院可根据相关主体的申请对多个破产程序进行协调审理，并可根据协调程序的需要，综合考虑破产案件审理的效率、破产申请的先后顺序、成员负债规模大小、核心控制企业住所地等因素，由共同的上级法院确定一家法院集中管辖。

（2）协调审理的法律后果。协调审理不消灭关联企业成员之间的债权债务关系，不对关联企业成员的财产进行合并，各关联企业成员的债权人仍以该企业成员的财产为限依法获得清偿。但关联企业成员之间不当利用关联关系形成的债权，应当劣后于其他普通债权的顺序清偿，且该劣后债权人不得就其他关联企业成员提供的特定财产优先受偿。

问答 ▶▶▶

1. 债权人王某能否取得汇票的质权？为什么？

参考答案 不能。

根据《票据法》第 27 条第 2 款以及《最高人民法院关于审理票据纠纷案件若干问题的规定》第 52 条的规定，出票人在汇票上记载"不得转让"字样的，汇票不得转让，不得再行质押，其后手对该票据权利不享有处分权。若后手将自己不享有处分权的该张汇票质押，构成无权处分。由于票据是文义证券，"不得转让"字样已经记载于票据上，因此，通过质押取得该票据的持票人不能满足"善意取得"的条件，无权主张票据权利。

本案中，甲公司为收款人的该张汇票，出票人已经在汇票上背书"禁止转让"，所以该张汇票再行质押是无效的，且债权人王某不能满足主观善意的条件，故王某不能善意取得该汇票的质权。

2. 戊公司能否要求丁公司承担连带责任？

参考答案 不能。

　　人格混同，是指公司股东滥用公司法人独立地位和股东有限责任，损害公司的独立意思和独立财产，导致公司财产与股东财产混同且无法区分。此处"混同"是指"公司-股东"之间财产混同。本案中，丁公司和甲公司仅为租赁法律关系，并无持股法律关系，不符合人格混同的主体要件。虽然丁公司未经许可使用甲公司的原材料，甲公司可以追究其赔偿责任，但这是丁公司和甲公司之间的法律关系，戊公司作为甲公司的债权人，只能要求甲公司承担清偿责任，而无权请求另一债权人丁公司承担连带责任。

3. 辛公司和庚公司能否向法院申请甲公司及其全部子公司合并重整？

参考答案 可以。

　　根据破产法原理，对关联企业破产进行合并重整的条件包括：关联企业成员之间存在法人人格高度混同、区分各关联企业成员财产的成本过高、严重损害债权人公平清偿利益的情形。本案中，甲公司从其全资子公司处抽调资金，各公司之间财务账目混乱不清，这表明已经形成了法人人格高度混同的关联关系，并且已经严重损害了债权人利益，所以本案债权人（辛公司和庚公司）有权申请合并重整。

4. 如果甲公司及其全部子公司可以合并重整，对于债权人有什么影响？

参考答案 关联企业合并破产（本案为合并重整）的目的是节约成本，将本应当适用单个破产程序的多个企业的破产重整案件统一管辖，统一适用破产程序。

本案中，若甲公司及其全部子公司采用实质合并方式进行重整，会对债权人产生下列影响：

（1）各关联企业成员之间的债权债务归于消灭，各成员的财产作为合并后统一的破产财产；（或答：各关联企业之间财产统一，内部成员间的债权债务消灭）

（2）甲公司及其全部子公司的债权人在同一程序中按照法定顺序公平受偿；

（3）重整计划草案中应当制定统一的债权分类、债权调整和债权受偿方案。

案例一　公司设立、股东出资

案情：

2021 年 1 月，萱草公司成立，各位发起人出资如下：

甲公司以富海写字楼作价 100 万元出资。该楼房由甲公司向乙公司购买，作为支付房款的方式，甲公司签发了金额为 100 万元、到期日为 2021 年 1 月 30 日、付款人为丽水工商银行的汇票一张。甲、乙两公司在购房合同中约定：汇票承兑前，富海写字楼不过户。丙会计师事务所将未过户的富海写字楼作为甲公司对萱草公司的出资予以验资，萱草公司成立后占有使用该楼房。

张一以自有房产出资。

殷某以一张由厚小公司开具的以大华公司为付款人、殷某为收款人的票面金额为 100 万元的商业汇票出资。

王萱草为业界著名的领军人物，在公司设立协议中，其他股东同意王萱草以自己的名字"萱草"作为设立公司的出资形式，王萱草同意新成立的公司使用"萱草"作为公司名称。(按照当年本地资产评估事务所的评估，"萱草"品牌评估价值为 100 万元)

罗某运营自媒体，2016 年用本人身份证实名认证的手机号码 A 注册并绑定"老罗点睛"微信账号。罗某利用该微信账号发布学习方法、学科介绍等文章，在本地学生和家长中享有较高知名度。在注册该微信账号时，罗某与腾讯公司签订《微信软件许可及服务协议》，约定该微信账号的所有权归腾讯公司，使用权仅属于初始申请注册人，初始申请注册人不得许可他人使用该微信账号。在筹备萱草公司时，其他股东提出公司经营范围包括"户外运动策划、文化艺术交流活动"，可以利用罗某微信账号积累的粉丝数量来为公司服务。经过协商，微信账号"老罗点睛"经全体股东评估作价 80 万元作为出资。萱草公司成立后，罗某将手机号码 A、"老罗点睛"微信账号和密码均交予萱草公司，并由公司授权员工刘飞使用。之后，刘飞将微信账号绑定了其本人使用的手机号码 B，并将微信账号用于公司客服人员与客户沟通交流、业务拓展及财务收支。

现在查明下列事实：

（1）乙公司将其持有的甲公司出票的上述 100 万元汇票背书转让给陈某。陈某向丽水工商银行提示承兑该汇票时，银行在汇票上批注："承兑，甲公司资金充足则付款。"乙公司又将富海写字楼抵押给 F 银行，为乙公司和 F 银行之间的一笔贷款提供抵押担保。现乙公司不能按期归还贷款，F 银行主张对富海写字楼行使抵押权。

（2）张一出资的房产为其退休前任某局局长时受贿所得。张一的犯罪行为已经为法院判决确认，现有关部门向萱草公司发出通知，要求配合处置张一以名下房产出资形成的股权。

（3）殷某作为出资的商业汇票到期前，大华公司的开户银行丽水工商银行以厚小公司账户资金不足为由拒绝承兑该汇票，萱草公司未收到该款项。

（4）2023 年，罗某与萱草公司在合作中产生纠纷，罗某通过补办新卡的方式将手机号码 A 取回自己使用。萱草公司随后授权刘飞将"老罗点睛"微信账号绑定的罗某的银行卡变更为刘飞使用的银行卡，将微信账号的实名认证人和身份证号码均变更为刘飞本人的信息。罗某得知后非常生气，认为萱草公司变更其微信账号的行为构成侵权，请求判令萱草公司立即停止使用"老罗点睛"微信账号。

问题：

1. 乙公司将富海写字楼设定抵押是否有效？为什么？

2. 甲公司的出资是否合法？应当如何处理？

3. 张一以受贿房屋出资是否合法？请说明理由。

4. 萱草公司变更微信账号的行为是否构成侵权？罗某请求判令萱草公司立即停止使用涉案微信账号能否得到支持？

5. 如何评价萱草公司成立时，王萱草的出资行为及其法律效果？

6. 丽水工商银行拒付汇票金额的理由是否合法？

7. 针对股东未全面履行出资义务的情形，萱草公司有权采取何种救济手段？

⬛ 案情分析

考查角度一：股东以微信账号的使用权出资是否有效

对应案情： 罗某以自己为初始申请注册人的微信账户出资，并经全体股东评估定价。该微信账号交由萱草公司经营使用。

争议焦点是，若微信账号使用权是合法的出资形式，则萱草公司不构成侵权；若微信账号使用权不构成合法出资，则该微信账号仍归属于罗某，萱草公司未经许可更改实名认证信息的行为构成侵权。

知识要点：

《公司法》规定，公司股东以非货币财产出资，需满足可用货币估价、可依法转让且不违反法律、行政法规的强制性规定的要求。

股东将自己申请的微信账号的使用权作价出资并交付公司实际经营使用，此种出资虽非《公司法》列举规定的情形，但也不为法律、行政法规所禁止，属于法律的模糊地带、真空领域。对此，目前公司实务中有下列两种截然不同的观点：

[观点一] 可作为出资形式。[1]

理由：

1. 微信账号使用权本身具有商业价值。本案中，该微信账号已经用于处理公司相关事务，用于和交易相对方进行资金往来和结算，该微信账号具有商业价值。关于评估作价，因微信账号属于无形财产，经公司内部股东协商一致认可的微信账号的货币价值，可视为对微信账号的估价。

2. 其转让不受法律、技术和操作上的限制，并得到股东的协商认可。

（1）《微信软件许可及服务协议》中约定："该微信账号的所有权归腾讯公司，使用权仅属于初始申请注册人，初始申请注册人不得许可他人使用该微信账号。"其目的是便于腾讯公司对微信账号的规范管理。并且，该协议系腾讯公司与微信软件用户之间订立的民事合同，其内容仅能约束协议双方，对微信软件用户之间转让微信账号使用权的行为并无对抗效力。在实际操作层面，微信账号转让给他人之后，微信账号初始认证的实名信息和密码均可变更为受让人，微信账号可在不同主体之间实现转移使用。

（2）根据公司财产独立原则，微信账号使用权实际已转移给公司，股东不再享有微信账号的使用权。公司根据经营需要，对如何使用微信账号享有决定权和处分权，萱草公司的使用行为并未侵犯股东的合法权益。

[观点二] 微信账号使用权不符合法定出资方式，也不满足《公司法》关于非货

---

〔1〕 来源：（2019）渝 0106 民初 10851 号、（2019）渝 01 民终 8536 号、《人民司法》2020 年第 29 期。

币出资"可评估作价+可依法转让"的条件，不能作为出资形式。[1]

理由：

1. 根据腾讯公司的《微信软件许可及服务协议》的约定，该微信账号的所有权归腾讯公司，使用权仅归属于初始申请注册人。账号使用权禁止赠与、借用、租用、转让和售卖。

2. 初始申请注册人享有的微信账号使用权可归属为网络虚拟财产，虽然具有财产利益，但其价值受到粉丝数量、文章阅读量、广告收入等因素的影响，估值具有不稳定性，不符合出资的可估价性标准。

3. 微信账号使用权难以转让。公众号迁移（2018 年开放了公众号迁移的功能）仅可将原公众号的粉丝、文章素材等数据迁移至目标公众号，而非直接针对微信账号使用权进行转移。因而，无法将微信账号直接通过变更登记的方式交付给公司，办理迁移也仅为部分要素的迁移，无法实质转让使用权。

目前对该问题的处理尚无定论，法院判决不统一，本书建议同学们择一回答。

考查角度二：受贿房产能否作为合法出资形式

对应案情：张一出资的房产为其受贿所得，并且该房屋已经变更登记在萱草公司名下。需要判断在受贿犯罪事实确定的情况下，能否要求萱草公司退还该房屋。

知识要点：

在股东出资形式中，目前对于受贿的货币部分不存在争议。根据《公司法解释（三）》第 7 条第 2 款的规定，以贪污、受贿、侵占、挪用等违法犯罪所得的货币出资后取得的股权是有效的，对该股东的违法犯罪行为予以追究、处罚时，应当采取拍卖或者变卖的方式处置其股权。该股权的转让价款所得应当由国家予以收缴。

但是，对于以受贿的房产出资的部分存在争议且没有定论。

[观点一] 以受贿所得的房产出资的部分对应的股权是无效的，因为受贿的房产属于"赃物"，应该直接由国家追缴，不能适用善意取得规则。

[观点二] 对受贿所得的房产可以适用善意取得规则，以此维护善意第三人的利益。如果设立的公司对该房产为受贿所得不知情，并已经办理了房屋登记过户手续，则设立的公司可以取得该房屋所有权。

目前对该问题的处理尚无定论，法院判决不统一，建议同学们择一回答。

考查角度三：在股东未能有效出资，出现各种出资瑕疵情形时，公司可以采取的救济手段

对应案情：王萱草以自然人姓名出资，殷某以一张被拒绝承兑的商业汇票出资，

---

[1] 来源：（2019）豫 07 民终 3460 号。

均未形成有效出资。

知识要点：

针对所有的股东出资瑕疵，均非直接判定为未履行或者未完全履行出资义务，而是由法院责令出资瑕疵者限期补正和消除瑕疵。当该出资瑕疵股东无法补正或者拒绝补正时，才可认定为"股东未依法全面履行出资义务"。

关于股东出资瑕疵的处理规则，一般要从下列五个方面考虑：

1. 对公司的责任。股东不按照规定缴纳出资的，该股东向公司依法全面履行出资义务；发起人与该出资瑕疵股东承担连带责任。

2. 对公司债权人的责任。该股东在未出资本息范围内对公司债务不能清偿的部分承担补充赔偿责任；发起人与该出资瑕疵股东承担连带责任。股东已经承担上述责任，其他债权人提出相同请求的，人民法院不予支持。

3. 对其他发起人的责任。当发起人未按期足额缴纳出资时，该股东应当向已按期足额缴纳出资的股东承担违约责任。

4. 对该股东财产性权利的限制。公司根据章程或者股东会决议对该出资瑕疵股东的利润分配请求权、新股优先认购权、剩余财产分配请求权等股东权利作出相应的合理限制。

5. 对出资瑕疵股东资格的解除。满足下列两个条件的，可对该股东除名：①有限责任公司的股东未履行出资义务或者抽逃全部出资；②经公司催告缴纳或者返还，其在合理期间内仍未缴纳或者返还出资。

（提示：并非每个案例均要完整回答上述五个方面的内容，具体选取哪些方面回答，要看案情和所问问题）

问答

1. 乙公司将富海写字楼设定抵押是否有效？为什么？

参考答案 有效。

　　该张汇票因"承兑附条件"应视为拒绝承兑，故用以出资的写字楼未过户给甲公司，乙公司仍是富海写字楼的产权人，其设立抵押权合法有效。

2. 甲公司的出资是否合法？应当如何处理？

参考答案 不合法。

　　甲公司未依法全面履行出资义务。根据《公司法》第 28 条第 1 款的规定，股东以非货币财产出资的，应当依法办理其财产权的转移手续。本案中，甲公司未取得该房屋的所有权，无法履行出资义务。甲公司应当向萱草公司补足出资，并且验资机构应当承担过错责任。

3. 张一以受贿房屋出资是否合法？请说明理由。

参考答案 不合法。

　　该房产将作为赃物被国家直接收缴，对应的股权也不产生股东资格的法律效力。

（另一观点：合法。理由略。）

4. 萱草公司变更微信账号的行为是否构成侵权？罗某请求判令萱草公司立即停止使用涉案微信账号能否得到支持？

✍ _____

参考答案

　　（1）不构成侵权。

　　该微信账号具有商业价值并且已经转让给萱草公司，公司其他股东也认可该种出资形式，符合《公司法》第 28 条第 1 款规定的关于以非货币财产出资的要求。

（另一观点：不合法。理由略。）

　　（2）罗某要求萱草公司立即停止使用涉案微信账号的诉讼请求不能得到支持。

5. 如何评价萱草公司成立时，王萱草的出资行为及其法律效果？

✍ _____

参考答案 王萱草未履行其出资义务。自然人姓名因无法转让给公司，不属于合法的出资形式。

6. 丽水工商银行拒付汇票金额的理由是否合法？

✍ ————————————————————

- -

- -

- -

- -

- -

参考答案 合法。

根据《票据法》第56条第2款的规定，付款人委托的付款银行的责任，限于按照汇票上记载事项从付款人账户支付汇票金额。作为金融机构付款人，丽水工商银行有权以账户金额不足为由拒绝承兑。

7. 针对股东未全面履行出资义务的情形，萱草公司有权采取何种救济手段？

✍ ————————————————————

- -

- -

- -

- -

- -

参考答案 萱草公司有权采取下列救济手段：

（1）要求股东对公司承担补足责任；

（2）对该股东采取限制利润分配请求权等限权措施；

（3）如果经过催告股东仍未履行出资义务，股东会可对其除名。

案例二　股东的权利
（知情权、股东代表诉讼）

案情：

萱草汽车公司（以下简称"萱草公司"）股东为刘朋（持股10%）、高云（持股10%）、华驰公司（持股40%）、一冠销售公司（以下简称"一冠公司"）（持股40%）。一冠公司总经理魏新兼任萱草公司董事长。公司章程规定，股东会会议由股东按照出资比例行使表决权。股东会会议分为定期会议和临时会议，召开股东会会议应当于会议召开前15日通知全体股东。章程第29条规定："公司税后利润分配，根据股东会的决议按照当年利润的一定比例提取风险准备金、责任准备金、任意公积金，在弥补上一年的亏损后支付股东红利。"

在萱草公司经营过程中，2020年5月，高云向萱草公司分3次借款500万元，至今未归还。

2021年7月26日，刘朋向萱草公司邮寄《查阅会计账簿申请函》。申请函记载："为维护刘朋作为股东的合法权益，现对下列材料进行查阅：2019、2020年度公司会计记账凭证、财务会计报告、股东会会议记录。"魏新对刘朋的查阅请求予以拒绝，理由为：①股东仅能查阅公司会计账簿，但无权查阅会计记账凭证；②刘朋同时是三叶公司的法定代表人，三叶公司的经营范围与萱草公司的经营范围相同，和萱草公司构成同业竞争关系。同年9月2日，刘朋因萱草公司拒绝其查账而将萱草公司诉至法院。刘朋提供证据证明，三叶公司在2019、2020年度中作为计税依据的各项销售额均为0，并且缴纳各项社会保险金的职工数量为0。

2022年1月3日，萱草公司向所有股东电话通知于2022年1月19日召开会议。该次会议形成了《2022年度股东会决议》，主要内容为：①同意公司发展计划，暂不向公司股东分红；②各股东在限期内归还借款，逾期不归还的股东将由公司对其股权进行回购。高云对上述决议表示反对。高云以"董事会通过电话形式通知召开股东会，不符合章程规定的会议召集程序，并且萱草公司有利润但不分配，违反了章程条款"为由，诉请撤销该项股东会决议，并要求对萱草公司上一年度财务收支及盈余情况进行鉴定。

萱草公司2023年度的股东会议题是审议萱草公司和一冠公司的《债权债务转让协议》，协议约定将一冠公司的所有债权、债务转让给萱草公司。在履行了股东会召集通知程序和表决程序后，形成了《2023年度股东会决议》。该次会议华驰公司投反对票，其他股东均赞成。现查明，对于一冠公司转让给萱草公司的债权，一冠公司所提交的证据不足以证明其将相关债权凭证移交给萱草公司并通知债务人，结果导致大部分债权无法实现。而对于一冠公司转让给萱草公司的债务，在魏新的主导下，萱草公司代一冠公司已经将大部分债务偿还完毕。华驰公司认为，《债权债务转让协议》损害了萱草公司的利益，应当认定为无效，并提起了股东代表诉讼，起诉一冠公司损害萱草公司利益。在该案二审过程中，华驰公司将其所持的萱草公司股权转让给了晨月机械公司。在股权转让协议中，同时约定华驰公司享有对一冠公司提起诉讼并获得收益的权利。

> **问题：**
>
> 1. 萱草公司作出不予分配公司利润的决议是否有效？为什么？
> 2. 萱草公司作出回购自然人股东股份的决议是否有效？为什么？
> 3. 高云提起诉讼，要求对萱草公司财务收支及盈余情况进行鉴定的请求能否得到法院支持？为什么？
> 4. 萱草公司拒绝刘朋查阅公司会计记账凭证是否合法？为什么？
> 5. 萱草公司和一冠公司签订的《债权债务转让协议》是否有效？应当如何处理？
> 6. 华驰公司在二审中将其股权转让，法院应当如何处理？

▶ 案情分析

考查角度一：股东知情权的权利边界

对应案情：股东刘朋要求查阅公司会计记账凭证，股东高云要求对公司财务收支及盈余情况进行鉴定。需要判断有限责任公司的股东能否查阅公司会计原始凭证，公司拒绝股东查阅账簿的理由是否合法。

知识要点：

《公司法》第33条第2款仅规定股东有权查阅公司会计账簿，但未直接规定股东有权查阅公司会计凭证。（会计凭证包括原始凭证和记账凭证。会计账簿登记，必须以经过审核的会计凭证为依据，并符合有关法律、行政法规和国家统一的会计制度的规定。会计账簿包括总账、明细账、日记账和其他辅助性账簿。）

关于股东知情权的范围是否包括查阅会计原始凭证，现存有两种截然不同的观点：

[观点一] 有权查阅会计原始凭证。虽然《公司法》没有明确规定股东可以查阅会计原始凭证，但基于利益平衡以及确保信息真实的考虑，知情权的范围不宜限定在一个不可伸缩的区域，尤其是对于人合性较高的有限责任公司，严格限定知情权的范围并不利于实现知情权制度设置的目的。[（2012）最高法民申字第 635 号"天津北方食品有限公司、香港捷成有限公司股东知情权纠纷再审案"]

[观点二] 无权查阅会计原始凭证。《公司法》仅将股东可查阅财会资料的范围限定为财务会计报告与会计账簿，没有涉及会计原始凭证；《会计法》未赋予股东查阅公司会计原始凭证的权利。股东的知情权和公司利益的保护需要平衡，故不应当随意超越法律的规定扩张解释股东知情权的范畴。因此，股东无权查阅公司会计原始凭证。[（2019）最高法民申 6815 号"富巴投资有限公司、海融博信国际融资租赁有限公司股东知情权纠纷再审案"]

上述两种观点均强调"利益平衡"，前者侧重于对"股东利益"的保护，后者侧重于对"公司利益"的保护，故得出截然不同的结论。就本书观点而言，我个人更倾向于"观点一"，即"股东有权查阅公司会计原始凭证"。

考查角度二：对关联交易行为的判定

对应案情： 股东和公司从事关联交易，该关联交易符合形式合法的外观要件，但是却损害了公司利益。需要判断《债权债务转让协议》涉及的关联交易是否无效、是否损害萱草公司利益。

知识要点：

很明显，本案中的《债权债务转让协议》属于关联交易。

1. 公司法并不禁止关联交易，而是保护合法有效的关联交易。合法有效的关联交易的基础性实质要件是交易对价公允。

2. 关联交易强调实质公平。在关联交易符合形式合法的外观要件的情况下，应当对关联交易的实质内容，即合同约定、履行是否符合正常的商业交易原则，以及交易价格是否合理等进行审查。关联交易损害公司利益，被告仅以该交易已经履行了信息披露、经股东会同意等法律、行政法规或者公司章程规定的程序为由抗辩的，人民法院不予支持。[（2019）最高法民终 496 号、《公司法解释（五）》第 1 条第 1 款]

3. 关联交易损害公司利益的，相关主体需要对公司承担赔偿责任。《公司法》第 21 条规定："公司的控股股东、实际控制人、董事、监事、高级管理人员不得利用其关联关系损害公司利益。违反前款规定，给公司造成损失的，应当承担赔偿责任。"但若公司没有提起诉讼，则符合条件的股东可以提起股东代表诉讼。

本题中,一冠公司将债务转由萱草公司偿还,该《债权债务转让协议》虽然有效,但其损害了萱草公司作为独立法人对其财产享有的权益以及萱草公司其他债权人的利益。该关联交易损害了萱草公司的利益,不能仅因萱草公司股东会决议有效就免除一冠公司的赔偿责任。

考查角度三:股东代表诉讼的原告资格

对应案情:股东依法提起股东代表诉讼,在诉讼过程中,该股东将股权转让给他人。需要判断在股东代表诉讼过程中,原告股东将其股权转让,该诉讼是否应当继续进行。

知识要点:

1. 股东代表诉讼要求股东资格在诉讼过程中持续存在。

与原告为了维护自己利益提起的股东直接诉讼不同。股东代表诉讼,是指当公司的利益受到内部人(控股股东、董事、高级管理人员、关联交易方等其他人)的侵害,而公司怠于通过诉讼追究时,具备法定资格的股东为了公司的利益,依据法定程序以自己的名义提起的诉讼。因此,原告提起股东代表诉讼的前提之一是其具备股东身份。

本案中,华驰公司提起诉讼时具备萱草公司股东的身份,符合原告资格的要求。

2. 在股东代表诉讼过程中丧失股东资格的,法院应驳回起诉。

本案中,华驰公司将其所持股份全部转让给外人,并办理了工商变更登记。从原理上分析,股东代表诉讼的实质是对公司不起诉的补救措施,在该类诉讼中,原告股东仅是"代表公司"。

据此可知,原告只能是公司现任股东,否则其"代表公司"的权利基础丧失。华驰公司在丧失萱草公司股东的身份之后,其"代表萱草公司"主张权利的事实基础已不存在,因此,华驰公司再以自己的名义要求侵权人(一冠公司)向萱草公司进行赔偿,也丧失相应的法律依据。

3. 股东代表诉讼过程中原告转让股权,股权受让人申请替代当事人承担诉讼的,法院可以根据案件的具体情况决定是否准许。准许受让人替代当事人承担诉讼的,裁定变更当事人。受让人未申请的,法院将以原告不适格而驳回原告起诉。

4. 结论:原告提起股东代表诉讼的前提之一是其具备有限责任公司股东资格。若在诉讼过程中丧失了股东资格,便意味着其不符合股东代表诉讼的主体资格要求,即原告不适格,法院应当驳回起诉。[1]

---

〔1〕 来源:最高人民法院(2013)民申字第1173号。

问答 ▶▶▶

1. 萱草公司作出不予分配公司利润的决议是否有效？为什么？

参考答案 有效。

　　股东会决议内容合法，已经 2/3 以上有表决权的股东同意，虽然召集程序有瑕疵，但未对决议产生实质性影响，所以股东会决议有效。

2. 萱草公司作出回购自然人股东股份的决议是否有效？为什么？

参考答案 有效。

　　公司可以依据章程规定或股东会决议回购公司自然人股东的股权。该决议内容并未违反法律、行政法规或公司章程的规定，且该股东会决议表决程序符合章程要求。

3. 高云提起诉讼，要求对萱草公司财务收支及盈余情况进行鉴定的请求能否得到法院支持？为什么？

参考答案 不能得到支持。

　　公司盈余分配是公司自主决策事项，是公司或股东基于自身的知识与经验作出的商业判断。因此，法院在介入属于公司意思自治范畴的盈余分配事宜时应当谨慎，其无权对公司财务收支及盈余情况进行鉴定。

4. 萱草公司拒绝刘朋查阅公司会计记账凭证是否合法？为什么？

参考答案 不合法。

　　虽然《公司法》仅规定股东有权查阅会计账簿，未规定可查阅会计凭证，但是只有在确保会计凭证真实的情况下，才能确保会计账簿的真实性。本案中，股东和公司矛盾剧烈，因此，允许股东查阅编制会计账簿所依据的会计凭证，准确了解公司真正的经营状况，能够更好地解决纠纷。并且，以刘朋作为法定代表人的三叶公司无正常营业，三叶公司与萱草公司存有同业竞争关系的主张并无事实依据。（另一观点：合法，股东不能查阅会计凭证。理由略。）

5. 萱草公司和一冠公司签订的《债权债务转让协议》是否有效？应当如何处理？

参考答案 协议有效。

公司的控股股东等相关主体利用关联关系损害公司利益，给公司造成损失的，应当承担赔偿责任。若公司没有提起诉讼，符合条件的股东可以提起股东代表诉讼。

6. 华驰公司在二审中将其股权转让，法院应当如何处理？

153

参考答案 法院应当裁定变更当事人或者驳回起诉。

股东代表诉讼过程中原告转让股权，受让人申请替代当事人承担诉讼的，法院可以根据案件的具体情况决定是否准许。准许受让人替代当事人承担诉讼的，裁定变更当事人。受让人未申请的，法院将以原告不适格而驳回原告起诉。

案例三 公司决议的效力、股东资格

案情 1：

董草公司股权结构为：高某持股 40%，殷某持股 46%，刘某持股 14%。三位股东共同组成董事会，由高某担任董事长，另两人为董事，殷某担任总经理。公司章程规定：①董事会行使包括聘任或者解聘公司经理等职权；②董事会须由 2/3 以上的董事出席方有效；③董事会对所议事项作出的决定应由 2/3 以上的董事表决通过方有效。

2009 年 7 月 18 日，董事长高某召集并主持董事会，三位董事均出席，会议形成了"鉴于总经理殷某不经董事会同意私自动用公司资金在二级市场炒股，给公司造成巨大损失，现免去其总经理职务，即日生效"等内容的决议。该决议由高某、刘某及监事签名，殷某未在该决议上签名。

现有证据表明，上述事实存在重大偏差。殷某在某证券公司进行 800 万元的股票买卖，包括账户开立、资金投入及股票交易等系列行为，均系经董事长高某同意后由殷某代表公司具体实施。因此，公司形成的罢免殷某总经理职务的决议是在失实基础上形成的。现殷某诉求对该董事会决议予以撤销，双方遂发生纠纷。

案情 2：

在华强公司成立之前，张某和向某的妹妹喜结良缘。华强公司成立后的股权结构为张某持股 50%、向某持股 50%。董事会包括张某、向某等 5 人，张某为董事长，向某为总经理。章程规定：①董事长有权任命新的董事长和董事；②公司召开董事会需要由董事长发出会议通知。

公司成立后，因为家庭矛盾，张某婚姻破裂，房产等资产均归女方。这次婚变虽然没有影响到华强公司的稳定经营，但张某和向某二人有了隔阂，并因为公司管理理念不同，二人矛盾日渐激化。2019 年，张某因涉嫌挪用资金、职务侵占等逃跑，逃跑前其预先签署委派书，任命自己的妹妹张小红为新任的董事长。2 个月后，张某被警方逮捕。张某被判有期徒刑 14 年，目前仍在服刑期间。

2020 年 1 月 9 日，由向某主持召开华强公司临时董事会。公司将会议通知寄送到章程记载的张某的联系地址，该地址也是张某被羁押后在若干民事诉讼中一贯使用的地址。实际上该地址为张某离婚前的房屋地址，离婚时该房屋判决归前妻，张某久未在此居住。向某对此事知情，但公司未更新信息。该次董事会共有 3 人参加

（张某、张小红没有参加），决议内容是选举向某为董事长。随后华强公司办理了董事长变更登记。仍在监狱中的张某得知后，以自己和张小红会前均没有接到会议通知，并且只有现任董事长张小红才有权召集董事会，以及会后华强公司没有按照公司章程将会议记录交予自己等理由，对该次董事会决议的效力提出质疑。

案情3：

华兴公司现有4名股东：甲公司、乙公司、唐某和张某。唐某是公司法定代表人，被授权全权处理公司相关事务。2018年6月，为了公司经营需要，公司拟增资扩股，遂与魏新协商，由魏新出资510万元，占公司30%股权。同年8月3日，魏新将510万元银行贷款打入华兴公司账户后，华兴公司会计凭证记载为"实收资本"。华兴公司并未发给魏新出资证明书，股东名册也未记载其姓名，且公司未变更工商登记中的注册资本和股东事项。之后，魏新以华兴公司董事长的身份出席活动并剪彩，还多次参加公司股东会，讨论公司经营管理事宜。

2022年11月20日，唐某向魏新补写了一张《借条》，内容为："借到魏新人民币510万元，此款已于2018年8月3日打入公司账户，由公司进行信用社利息和本金归还，期限为一年半。"魏新收取《借条》原件未提出异议，且唐某已经将510万元人民币打入魏新账户内。公司主张《借条》是当事人的真实意思表示，《借条》已将魏新与公司之间的股权投资法律关系变更为借款法律关系，魏新已经认可其原先用于投资的510万元款项转化为借款，借款归还后，其不再是公司股东，不得再行使股东权利，参与公司管理。2周后，魏新反悔，主张自己仍是华兴公司股东，与公司发生纠纷。

问题：

1. 萱草公司董事会作出解除殷某总经理职务的决议法律效力如何？为什么？

2. 华强公司更换董事长的临时董事会决议效力如何？为什么？

3. 魏新和华兴公司之间形成何种法律关系？为什么？

▷ 案情分析

考查角度一：公司决议的效力

对应案情：问题1、2均是要求判断公司决议的效力。

知识要点：

根据《公司法》第22条以及《公司法解释（四）》第5条的规定，公司决议的效力可分为有效决议、无效决议、可撤销决议、决议不成立四种情况。具体判断一项决议是否有效，需要从"决议内容"和"决议程序"两方面分析。

1. 案情1的董事会决议程序合法，主要应考虑决议内容。

从决议内容上看，章程规定董事会有权解聘公司经理。董事会决议内容中"总经理殷某不经董事会同意私自动用公司资金在二级市场炒股，给公司造成巨大损失"的陈述，仅是董事会解聘殷某总经理职务的原因，而解聘殷某总经理职务的决议内容本身并不违反公司章程。

董事会决议解聘经理职务的原因如果不存在，并不导致董事会决议的撤销。首先，公司法尊重公司自治，公司内部法律关系原则上由公司自治机制调整，司法机关不介入公司内部事务。其次，公司章程中未对董事会解聘公司经理的职权作出限制，并未规定董事会解聘公司经理必须要有一定原因。该章程内容未违反《公司法》的强制性规定，应认定有效。因此，董事会可以行使章程赋予的权力，作出解聘公司经理的决定。故法院应当尊重公司自治，无需审查董事会解聘公司经理的原因是否存在，即无需审查决议所依据的事实是否属实、理由是否成立。（改编自最高人民法院指导案例10号：李建军诉上海佳动力环保科技有限公司公司决议撤销纠纷案）

2. 案情2的董事会决议内容（更换董事长）合法，主要应考虑决议程序。

华强公司主张其已经尽力履行了"适当发出"的送达义务，因为公司已按章程规定将会议通知送达给张某，寄送的地址是张某的法定地址，是公司章程记载的联系地址，更是张某在被羁押后在若干民事诉讼中一贯使用的地址。

但本案情况特殊，现有两位股东持股比例相等，曾经是亲戚关系但已反目。公司在明知张某有多种联系方式或渠道，也明知张某被羁押的情况下，仅向张某的身份证住址寄送有关董事会会议通知。公司未能合理保障张某就涉案会议所享有的基本权利，会议召集通知的送达行为明显存在瑕疵（并非仅存轻微瑕疵），与章程中有关"适当发出"的约定不符。本案法院最终裁定，对临时董事会会议决议予以撤销。（改编自：蔡达标诉真功夫公司董事会决议撤销案）

考查角度二：股东资格确认纠纷

对应案情：案情3中，公司成立后以借款形式归还股东出资款，且该股东认可并持有《借条》原件。

知识要点：

1. 魏新经2018年6月增资扩股成为股东，这一点是没有异议的。因为股东身份的确认应根据当事人的出资情况以及股东身份是否以一定的形式为公众所认知等因素进行综合判断，而本案中，魏新已经向公司实缴出资，也以股东身份实际参与了公司的经营管理，多次参加公司的股东会，讨论公司经营管理事宜，实际行使了股东权利，所以，应承认魏新的股东身份。

2.2022年11月，魏新收取《借条》并取得公司的汇款，是否使魏新对公司的股权转变成了债权，这是本案争议的关键问题。该股权并未转变为债权。理由是：股东不得抽逃出资是《公司法》的一项基本制度和原则。股东向公司出资后，出资财产即转变为公司的法人财产，其独立于股东个人的财产而构成公司法人人格的物质基础。股东从公司抽回出资，会减少公司资本，动摇公司的独立法人地位，侵害公司、其他股东和公司债权人的利益，因而为法律所严禁。

本案中，股东打入公司账户的款项在性质上为出资款，进入公司的账户后，即成为公司的法人财产。无论是股东主动要求公司将其出资转变为借款，还是公司向该股东出具《借条》并将其出资作为借款偿还，抑或是股东与公司协商一致，将其出资转变为借款而归还，本质上都是根本改变股东对公司出资性质的违法行为，都会导致股东抽回出资并退股的法律后果。这是有违《公司法》的禁止性规定的，因而上述行为均应无效，魏新的股东身份自然也不应因此种无效行为而改变。

所以，魏新已经取得了公司的股东身份，《借条》的出具并不能将其对公司的股权转变为债权。[改编自：最高人民法院（2014）民提字第00054号《万家裕与丽江宏瑞水电开发有限公司其他股东权纠纷审判监督民事判决书》]

问答 ▶▶

1. 萱草公司董事会作出解除殷某总经理职务的决议法律效力如何？为什么？

参考答案 是有效决议。

  该项决议内容"董事会解除殷某总经理职务"既不违反公司章程也不违反《公司法》的规定，且决议的召集程序和表决方式无明显瑕疵，是有效决议。至于作出解除职务决议所依据的事实是否属实、理由是否成立，不属于司法审查的范围。

2. 华强公司更换董事长的临时董事会决议效力如何？为什么？

参考答案 是可撤销决议。

  该项决议召集程序存在明显瑕疵。本案中，董事会会议召开时，华强公司在明知张某有多种联系方式或渠道的情况下，仅向其章程记载的住址寄送有关会议通知，并未履行适当通知的义务，故该次董事会召集程序违法。并且，该次会议结果直接导致张某的董事长职务被解除，也即董事会召集程序瑕疵对决议产生了实质性影响。所以，该决议是可撤销决议。

3. 魏新和华兴公司之间形成何种法律关系？为什么？

参考答案 魏新和华兴公司构成股权投资法律关系。

《公司法解释（三）》第22条规定："当事人之间对股权归属发生争议，一方请求人民法院确认其享有股权的，应当证明以下事实之一：①已经依法向公司出资或者认缴出资，且不违反法律法规强制性规定；……"所以本案魏新客观上已经是公司股东。

投资款进入华兴公司的账户后，即成为华兴公司的法人财产。《公司法》第35条规定："公司成立后，股东不得抽逃出资。"所以，无论是魏新主动要求华兴公司将其出资转变为借款，还是唐某代表华兴公司向魏新出具《借条》并将其出资作为借款偿还，抑或是魏新与华兴公司协商一致，将其出资转变为借款而归还，本质上都是根本改变魏新对华兴公司出资性质的违法行为，都违反了《公司法》"禁止抽逃出资"的规定。因而上述行为因违法均应无效，魏新的股东身份也不应因此种无效行为而改变。

案例四　公司设立、公司经营纠纷
（保证、破产、票据行为）

案情：

甲公司签发金额为 1000 万元、到期日为 2021 年 5 月 30 日、付款人为戊公司的汇票一张，向乙公司购买 A 楼房。同时，甲、乙两公司约定：汇票承兑前，A 楼房不过户。

其后，甲公司以 A 楼房作价 1000 万元、丙公司以现金 1000 万元出资共同设立丁有限公司（以下简称"丁公司"）。某会计师事务所将未过户的 A 楼房作为甲公司对丁公司的出资予以验资。丁公司成立后占有使用 A 楼房。

2020 年 9 月，丙公司欲退出丁公司。经甲公司、丙公司协商达成协议：丙公司从丁公司取得退款 1000 万元后退出丁公司，但顾及公司的稳定性，丙公司仍为丁公司名义上的股东，其原持有丁公司 50% 的股份，名义上仍由丙公司持有 40%，其余 10% 由丁公司总经理贾某持有。贾某暂付 200 万元给丙公司以获得上述 10% 的股权。丙公司依此协议获款后退出。据此，丁公司变更登记为：甲公司、丙公司、贾某分别持有 50%、40% 和 10% 的股权；注册资本仍为 2000 万元。

丙公司退出后，甲公司要求丁公司为其贷款提供担保。在丙公司代表未到会、贾某反对的情况下，丁公司股东会通过了该担保议案。丁公司遂为甲公司从 B 银行借款 500 万元提供了连带责任保证。同时，乙公司亦将其持有的上述 1000 万元汇票背书转让给陈某。陈某要求丁公司提供担保，丁公司在汇票上签注："同意担保，但 A 楼房应过户到本公司。"陈某向戊公司提示承兑该汇票时，戊公司在汇票上批注："承兑，到期丁公司不垮则付款。"

2021 年 6 月 5 日，丁公司向法院申请破产获受理并被宣告破产。债权申报期间，陈某以汇票未获兑付为由、贾某以替丁公司代垫了 200 万元退股款为由向清算组申报债权。B 银行也以丁公司应负担保责任为由申报债权，并要求对 A 楼房行使优先受偿权。同时，乙公司就 A 楼房向清算组申请行使取回权。（改编自 2006 年司法考试主观题）

问题：

1. 丁公司的设立是否有效？为什么？

2. 丙公司退出丁公司的做法是否合法？为什么？

3. 丁公司股东会关于为甲公司提供担保的决议是否有效？为什么？

4. 陈某和贾某所申报的债权是否构成破产债权？为什么？

5. B银行和乙公司的请求是否应被支持？为什么？

6. 各债权人若在破产程序中得不到完全清偿，还可以向谁追索？他们各自应承担什么责任？

▣ 案情分析

考查角度一：票据记载事项对票据行为效力的影响

对应案情： 汇票流转为：甲公司-出票人，乙公司-收款人，戊公司-付款人，丁公司-保证人。其中，票据保证附条件，票据承兑附条件。

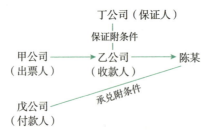

知识要点：

商法主观题中涉及《票据法》的内容基本集中于"票据行为"。常见的考查角度是票据记载事项对票据行为的影响。

票据法与民法相结合的问题包括：票据质押、票据保证、票据"对人抗辩"理由、票据的无因性原则。

我们总结三项常见的可与民法、民事诉讼法结合考查的票据行为：

1. 票据"附条件"记载对票据行为的影响

票据记载	后　　　　果
出票"附条件支付"的委托	票据无效。
背书附条件	（1）该条件不具有汇票上的效力； （2）票据有效； （3）背书连续性有效。

续表

票据记载	后　　果
保证附条件	(1) 该条件视为无记载； (2) 票据有效； (3) 保证有效。
承兑附条件	(1) 视为拒绝承兑； (2) 票据有效。

本题中，持票人陈某能否向被受理破产的丁公司申报债权，要考虑下列关系：

（1）陈某向戊公司提示承兑时，戊公司在汇票上批注："承兑，到期丁公司不垮则付款。"这属于"承兑附条件"，其后果是视为戊公司"拒绝承兑"。因此持票人陈某可以向其前手，包括票据保证人（丁公司）行使追索权。

（2）丁公司在汇票上签注："同意担保，但 A 楼房应过户到本公司。"其中"A 楼房过户"属于"附条件保证"，依据票据法规则，该条件视为"无记载"。因此，即使 A 楼房没有完成过户手续，丁公司仍然要对该张汇票承担保证责任。所以，丁公司要对陈某承担票据责任。

据此可知，陈某对丁公司享有票据追索权。当丁公司被受理破产时，陈某的申报构成破产债权。

2. 票据"禁止转让"记载对票据行为的影响

票据记载	后　　果
出票人记载 "不得转让"字样	(1) 出票人记载"不得转让"字样的，汇票不得转让。票据持有人背书转让的，背书行为无效。 (2) 背书转让后的受让人不得享有票据权利，票据的出票人、承兑人对受让人不承担票据责任。 (3) 出票人记载"不得转让"字样，其后手以此票据进行质押，通过质押取得票据的持票人主张票据权利的，人民法院不予支持。
背书人记载 "不得转让"字样	(1) 其后手再背书转让的，原背书人对后手的被背书人不承担保证责任； (2) 不影响出票人、承兑人以及原背书人之前手的票据责任。

3. 票据记载"质押"对票据行为的影响

汇票质押的设立	"字样+签章"。以汇票设定质押时，出质人在汇票上只记载了"质押"字样未在票据上签章的，或者出质人未在汇票、粘单上记载"质押"字样而另行签订质押合同、质押条款的，不构成票据质押。

续表

质押规则	（1）出票人在票据上记载"不得转让"字样，其后手以此票据质押，通过质押取得票据的持票人主张票据权利的，人民法院不予支持。 （2）背书人在票据上记载"质押"字样，其后手再质押的，原背书人对后手的被背书人不承担票据责任，但不影响出票人、承兑人以及原背书人之前手的票据责任。 （3）因票据质权人以质押票据再行背书质押引起纠纷而提起诉讼的，人民法院应当认定背书行为无效。 （4）公示催告期间，以公示催告的票据质押，因质押而接受该票据的持票人主张票据权利的，人民法院不予支持。但公示催告期间届满以后人民法院作出除权判决以前取得该票据的除外。

考查角度二：债务人被受理破产后，对取回权、破产债权的认定

对应案情： 丁公司破产，乙公司就 A 楼房申请行使取回权。陈某以对丁公司享有票据追索权为由申报破产债权；贾某以代垫退股款为由申报债权；B 银行也因担保合同未履行，向丁公司申报债权。

知识要点：

本题涉及破产程序中两项重要的权利：①权利人的取回权；②破产债权。

1. 权利人的取回权

法院受理破产申请后，债务人占有的不属于债务人的财产，该财产的权利人可以通过管理人取回。本案中，若乙公司能证明自己是 A 楼房的所有权人，则可以主张取回权。

根据前文对票据附条件承兑的分析可知，由于戊公司在汇票上批注"承兑，到期丁公司不垮则付款"构成"承兑附条件"，其后果为戊公司对该张汇票拒绝承兑。再结合甲、乙两公司"汇票承兑前，A 楼房不过户"的约定可知，即使丁公司占有使用 A 楼房，但因无法完成过户手续，A 楼房的所有权仍然归属乙公司。因此，乙公司可以向丁公司的管理人主张取回权。

2. 破产债权

破产债权，是指法院受理破产申请前成立的对债务人享有的债权。

贾某代垫的 200 万元退股款应视为其对丁公司的出资，其出资行为形成了股权关系，即贾某是丁公司的股东，而非形成债权关系，因此，贾某以代垫退股款为由申报债权是错误的。

陈某因票据保证向丁公司追索，根据前文对票据附条件保证的分析可知，丁公司因在汇票上签注"同意担保，但 A 楼房应过户到本公司"，构成"票据保证附条件"，但这不影响丁公司的保证效力。所以，票据保证人（丁公司）对合法取得汇票的持票人（陈某）所享有的汇票权利承担保证责任。因此，陈某向丁公司的管理人申报破产债权是正确的。

丁公司为 B 银行向甲公司的借款提供担保，虽然丁公司未形成有效担保决议且债权人 B 银行没有进行合理审查，导致该担保合同对丁公司不发生效力，丁公司无需承担担保责任，但丁公司需要承担过错赔偿责任（主合同有效而第三人提供的担保合同无效，债权人与担保人均有过错的，担保人承担的赔偿责任不应超过债务人不能清偿部分的 1/2）。所以，B 银行向丁公司的管理人申报破产债权是正确的。

考查角度三：担保决议和担保责任

对应案情： 甲公司是丁公司的股东。甲公司向 B 银行贷款，要求丁公司提供担保。丁公司股东会实质上只有甲公司自己同意该担保议案。丁公司与 B 银行签订了担保合同。

知识要点：

担保行为不是法定代表人所能单独决定的事项，原则上要以公司机关的决议作为担保授权的基础和来源。

1. 本案属于公司为本公司股东提供担保。根据《公司法》第 16 条第 2、3 款的规定，该种关联担保必须经股东会决议，并且，该项表决应由出席会议的其他股东所持表决权的过半数通过，也即要排除被担保股东的表决权。

2. 若公司的法定代表人违反上述公司担保决议程序的规定，超越权限代表公司与相对人订立担保合同（越权担保），此时要考虑相对人（B 银行）是否进行了合理审查。此处的"合理审查"，是指债权人对决议内容的审查一般限于"形式审查"，只要求尽到必要的注意义务即可。

3. 本案很明显，丁公司股东会的决议有重大瑕疵，B 银行难以证明自己"善意"，所以担保合同对丁公司不发生效力，丁公司不承担担保责任。

4. 需要注意的是，虽然丁公司不承担担保责任，但丁公司要承担赔偿责任。根据《担保制度解释》第 17 条第 1 款第 1 项的规定，债权人与担保人均有过错的，担保人承担的赔偿责任不应超过债务人不能清偿部分的 1/2，即丁公司要承担最多不超过 250 万元的清偿责任。

问答 ▷▷▷

1. 丁公司的设立是否有效？为什么？

✍ _____

参考答案 有效。

　　甲公司以未取得所有权之 A 楼房出资，因其未全面履行出资义务，需要承担相应的出资违约的责任，但在认缴资本制度下，出资瑕疵不影响丁公司有效设立。

2. 丙公司退出丁公司的做法是否合法？为什么？

✍ _____

参考答案 不合法。

　　公司成立后股东不得抽逃出资。根据《公司法》第 74 条第 1 款的规定，对股东会特定决议（如公司合并、分立、转让主要财产等）投反对票的股东，可以请求公司按照合理的价格收购其股权。

　　本案中，未出现上述异议股东可请求公司收购其股权的法定情形，且仅仅是股东甲公司和丙公司二者协商即从丁公司取得资金，这实质上是股东丙公司抽逃丁公司资金的行为。所以，丙公司退出丁公司的做法不合法。

3. 丁公司股东会关于为甲公司提供担保的决议是否有效？为什么？

决议不成立。

　　根据《公司法》第16条第2、3款的规定，公司为公司股东提供担保必须经股东会决议，并且该项表决应由无关联关系的股东表决决定。本案中，丁公司股东会在丙公司代表未到会、贾某反对的情况下通过担保议案，实质该担保议案只有被担保的股东（甲公司）同意。会议的表决结果未达到公司法规定的通过比例，故该决议不成立。

4. 陈某和贾某所申报的债权是否构成破产债权？为什么？

　　（1）陈某的申报构成破产债权。丁公司对汇票的保证有效，戊公司实为拒绝承兑，陈某对丁公司享有票据追索权。

（2）贾某的申报不构成破产债权。贾某代垫的 200 万元退股款实际上是其对丁公司的出资，公司股东不得以出资款向公司主张债权。

5. B 银行和乙公司的请求是否应被支持？为什么？

参考答案

（1）B 银行申报破产债权的请求应被支持，但其无权优先受偿。

丁公司违反有关关联担保决议机关的规定，构成越权担保。因主合同有效而第三人提供的担保合同无效，债权人与担保人均有过错的，担保人应承担不超过债务人不能清偿部分的 1/2 的赔偿责任。所以，丁公司仍要承担赔偿责任。故 B 银行可申报债权，但该担保是保证担保，B 银行不享有担保物权，无权优先受偿。

（2）乙公司的请求应被支持。乙公司仍是 A 楼房的所有权人，故其可依法收回该楼房。

6. 各债权人若在破产程序中得不到完全清偿，还可以向谁追索？他们各自应承担什么责任？

参考答案 债权人可以向甲公司、丙公司和某会计师事务所追索。

　　甲公司虚假出资，丙公司非法抽逃资金，应对债权人承担连带责任；某会计师事务所明知丁公司设立时甲公司出资不实，仍予验资，应在其虚假验资的范围内承担责任。

案例五 公司涉及保险、证券欺诈纠纷

案情 1：

华一保险公司（以下简称"华一公司"）与刘飞签订机动车辆保险合同。某日，刘飞驾驶被保险车辆（A 车）行驶至北京市朝阳区机场高速公路上时，与李某驾驶的车辆（B 车）发生交通事故，造成 A 车受损，李某负事故全部责任。B 车在天一保险公司（以下简称"天一公司"）投保了机动车交通事故责任强制保险。李某的住所地为甲市甲区，天一公司的住所地为甲市乙区，A 车行驶证记载的所有人（刘飞）的住址为北京市东城区。事故发生后，华一公司依照保险合同的约定向刘飞赔偿保险金 8 万元并取得代位求偿权。华一公司诉至东城区人民法院，请求判令李某和天一公司赔偿并承担诉讼费用。

案情 2：

华一公司和刘朋签订机动车辆保险合同，约定赔偿范围包括"被保险人允许的合法驾驶人"发生事故。2022 年 12 月 8 日晚上，刘朋开车与同事外出聚餐，因为喝了酒，于是通过 DD 公司网络平台叫了代驾服务。DD 公司接单后派了陈师傅代为驾驶。陈师傅开车过程中发生交通事故，造成车损和路基损失，陈师傅负全部责任。刘朋向华一公司索赔并获得赔付。随后，华一公司起诉要求行使代位求偿权，请求法院判决 DD 公司、代驾司机陈师傅连带支付保险理赔款 2.65 万元。DD 公司称，代驾人陈师傅具备投保车辆相应的驾驶资格，符合保险合同约定的"被保险人允许的合法驾驶人"条件，因此，华一公司无权向其进行代位追偿。

案情 3：

华一公司是上市公司。2019 年，华一公司增资扩股，在招股说明书中公告了公司营业收入×××亿元，营业利润×××亿元，公司现金存款×××亿元，公司从银行贷款×××亿元。珠江会计师事务所（特殊普通合伙）为华一公司该次增资出具审计报告，签字注册会计师为殷美、向帅。殷美是该会计师事务所合伙人，向帅为合同制会计师。该次增资，华一公司共募集资金 200 亿元，涉及数十万投资者。

之后，投资者和媒体质疑华一公司公告的财务数据的真实性并向证监会举报。2021 年 5 月，经证监会查明，华一公司 2017~2019 年虚假提升相关商品销售收入、成本、利润率等关键营销指标，并通过财务不记账、虚假记账等方式虚增营业收入 301 亿元，还通过多种渠道对外广泛宣传，使用虚假营销数据欺骗、误导相关公众。

该消息一出，华一公司的股票当即暴跌，至诉讼时累计跌幅达 40%，投资者损失巨大。

问题：

1. 华一公司诉至东城区人民法院，该法院应当如何处理？

2. 在 DD 公司代驾纠纷案中，DD 公司的抗辩理由是否正确？

3. 对于华一公司给投资者造成的损失，珠江会计师事务所、股美、向帅是否承担赔偿责任？若需承担，应当如何承担赔偿责任？

案情分析

考查角度一：财产保险中的代位求偿权

知识要点：

代位求偿权制度，是指因第三者对保险标的的损害而造成保险事故的，保险人自向被保险人赔偿保险金之日起，在赔偿金额范围内代位行使被保险人对第三者请求赔偿的权利。

本案涉及代位求偿权诉讼的管辖以及该类诉讼中"第三者"的认定。

1. 保险人提起代位求偿权之诉的管辖问题

案情 1 中，被保险人刘飞和李某发生交通事故，保险公司赔偿后向侵权人（李某）追偿，也即行使代位求偿权诉讼，可以按照"两步走"分析：

首先，只考虑基础法律关系，暂时不考虑《保险法》的相关规定。本案基础法律关系是"被保险人（刘飞）–肇事司机（李某）"之间的侵权法律关系，根据《民事诉讼法》的规定，应当由侵权行为地或者被告住所地法院管辖。具体到本案，刘飞应当向北京市朝阳区法院、甲市甲区或甲市乙区法院提起诉讼。

其次，再考虑《保险法》的代位求偿权制度。该项制度下，"保险人"自赔偿之日起，在赔偿金额范围内，代位行使"被保险人"对第三者请求赔偿的权利。所以，被保险人（刘飞）的诉权由保险人（华一公司）代为行使。因此，保险人（华一公司）向肇事司机追偿时，也应当向北京市朝阳区法院、甲市甲区或甲市乙区法院提起诉讼。

需要强调的一点是，保险人代位求偿权诉讼不应当根据保险合同法律关系确定管辖法院。本案保险合同法律关系是"保险人（华一公司）–被保险人（刘飞）"之间的法律关系，二者并未出现合同纠纷，所以，保险人（华一公司）提起代位求偿权之诉的，以被保险人（刘飞）与肇事司机（李某）之间的法律关系确定管辖法院。

2. 造成保险标的损害的"第三者"的范围

案情2中，因代驾造成的保险事故纠纷，涉及对第三者免责情形的认定。

（1）"第三者"是指除"被保险人、保险人"之外的人。

（2）但是，保险事故是被保险人的家庭成员或者其组成人员非故意造成的，保险人不得对被保险人的家庭成员或者其组成人员行使代位请求赔偿的权利。

例如，张某为自己的设备投保财产险，张某的儿子不慎造成该设备损坏。此时保险公司赔偿后，不得向张某的儿子代位求偿。但如果张某的儿子故意损坏该设备，则保险公司向张某赔偿后仍可向张某的儿子代位求偿。

本案中，保险事故是由代驾公司委派的司机（陈师傅）造成的，他的身份既不是被保险人（刘朋）的家庭成员，也非其组成人员，所以，即使代驾司机（陈师傅）是"被保险人允许的合法驾驶人"，保险公司仍然有权对其行使代位求偿权。

考查角度二：上市公司虚假信息披露的法律责任

对应案情：案情3中，华一公司是上市公司，公告的信息披露资料存在虚假记载致使投资者遭受损失。

知识要点：

根据《证券法》第85、163条的规定，信息披露义务人未按照规定披露信息，或者信息披露资料存在虚假记载、误导性陈述或者重大遗漏，致使投资者在证券交易中遭受损失的：

1. 信息披露义务人应当承担赔偿责任。

2. 发行人的控股股东、实际控制人、董事、监事、高级管理人员和其他直接责任人员，应当与发行人承担连带赔偿责任，但是能够证明自己没有过错的除外。

3. 发行人的保荐人、承销的证券公司及其直接责任人员，应当与发行人承担连带赔偿责任，但是能够证明自己没有过错的除外。

4. 证券服务机构（其指为证券的发行、上市、交易等证券业务活动制作、出具审计报告及其他鉴证报告、资产评估报告、财务顾问报告、资信评级报告或者法律意见书等文件的机构）制作、出具的文件有虚假记载、误导性陈述或者重大遗漏，给他人造成损失的，应当与委托人承担连带赔偿责任，但是能够证明自己没有过错的除外。

（提示：仅证券服务机构承担法律责任，不包含直接责任人员）

问答 ▶▶

1. 华一公司诉至东城区人民法院，该法院应当如何处理？

✎ _____

参考答案 东城区人民法院对该起诉没有管辖权，应裁定不予受理。

因第三者对保险标的的损害造成保险事故，保险人以造成保险事故的第三者为被告提起代位求偿权之诉的，以被保险人与第三者之间的法律关系确定管辖法院。本案中，被保险人（刘飞）与第三者（李某）之间的法律关系为侵权法律关系，现被告住所地及侵权行为地均不在北京市东城区，故东城区人民法院对该起诉没有管辖权，应裁定不予受理。

2. 在 DD 公司代驾纠纷案中，DD 公司的抗辩理由是否正确？

✎ _____

参考答案 不正确。

保险代位求偿权是保险人代位行使被保险人对第三者请求赔偿的权利。有偿代驾人过失致车损，因为车主（被保险人刘朋）对第三人（陈师傅）享有赔偿请求权，因此，在保险公司赔偿后，存在可代位求偿的基础权利。虽然保险合同约定对"被保险人允许的合法驾驶人"发生事故予以赔偿，但这是对保险责任范围的界定，

不可反推作为"合法驾驶人"的代驾司机（陈师傅）为"被保险人"。本案中，DD
公司与代驾司机（陈师傅）之间成立雇佣关系，事发时陈师傅履行职务的行为应当
由 DD 公司承担赔偿责任。

3. 对于华一公司给投资者造成的损失，珠江会计师事务所、殷美、向帅是否承担赔
偿责任？若需承担，应当如何承担赔偿责任？

参考答案

（1）珠江会计师事务所具有严重过错，应当承担连带赔偿责任。根据《证券法》
第 163 条的规定，证券服务机构应当勤勉尽责，对所依据的文件资料内容的真实性、
准确性、完整性进行核查和验证。其制作、出具的文件有虚假记载给投资人造成损
失的，应当与委托人承担连带赔偿责任，但是能够证明自己没有过错的除外。可知，
珠江会计师事务所要对投资者的损失承担赔偿责任。

（2）殷美应当对珠江会计师事务所的债务承担无限连带责任。根据《合伙企业
法》第 57 条第 1 款的规定，一个合伙人或者数个合伙人在执业活动中因故意或者重
大过失造成合伙企业债务的，应当承担无限责任或者无限连带责任。本案中，珠江
会计师事务所不能清偿对投资者的赔偿责任，所以，合伙人殷美应当承担无限连带
责任。

（3）向某不应对投资者的损失承担赔偿责任。本案中，向某仅为珠江会计师事
务所的工作人员或是直接责任人员，而《证券法》仅规定了证券服务机构的责任，
并未规定直接责任人员对投资者承担赔偿责任。

图书在版编目（ＣＩＰ）数据

2023年国家法律职业资格考试主观题沙盘推演. 商法/鄢梦萱编著. —北京：中国政法大学出版社，2023.6

ISBN 978-7-5764-0816-4

Ⅰ.①2… Ⅱ.①鄢… Ⅲ.①商法－中国－资格考试－自学参考资料 Ⅳ.①D92

中国国家版本馆CIP数据核字(2023)第108160号

出 版 者	中国政法大学出版社
地　　址	北京市海淀区西土城路25号
邮寄地址	北京 100088 信箱 8034 分箱　邮编 100088
网　　址	http://www.cuplpress.com (网络实名：中国政法大学出版社)
电　　话	010-58908285(总编室) 58908433 （编辑部） 58908334(邮购部)
承　　印	三河市华润印刷有限公司
开　　本	787mm×1092mm　1/16
印　　张	12
字　　数	275千字
版　　次	2023年6月第1版
印　　次	2023年6月第1次印刷
定　　价	69.00元

厚大法考(北京)2023年二战主观题教学计划

班次名称	授课时间	标准学费(元)	授课方式	阶段优惠(元)		配套资料
				7.10前	8.10前	
主观旗舰A班	6.6~10.10	56800	网授+面授	2022年主观题分数≥90分的学员,2023年未通过,全额退费;≤89分的学员,2023年未通过,退46800元。		本班配套图书及内部讲义
主观旗舰B班	6.6~10.10	36800	网授+面授	已开课		
主观集训A班	7.15~10.10	46800	面 授	2022年主观题分数≥90分的学员,2023年未通过,全额退费;≤89分的学员,2023年未通过,退36800元。		
主观集训B班	7.15~10.10	26800	面 授	18800	19800	
主观特训A班	8.15~10.10	36800	面 授	2022年主观题分数≥90分的学员,2023年未通过,全额退费;≤89分的学员,2023年未通过,退26800元。		
主观特训B班	8.15~10.10	19800	面 授	14800	15800	

其他优惠:

1. 3人(含)以上团报,每人优惠300元;5人(含)以上团报,每人优惠500元。

2. 厚大老学员在阶段优惠基础上再优惠500元,不再适用团报政策。

3. 协议班次无优惠,不适用以上政策。

【总部及北京分校】北京市海淀区花园东路15号旷怡大厦10层　　电话咨询:4009-900-600-转1-再转1

二战主观面授咨询

厚大法考(上海)2023年主观题面授教学计划

班次名称		授课时间	标准学费(元)	阶段优惠(元) 7.10前	阶段优惠(元) 8.10前	备注
至尊系列	九五至尊班	5.22~10.12	199000(专属自习室)	①协议班次无优惠,订立合同;②2023年主观题考试过关,奖励30000元;③2023年主观题考试未过关,全额退还学费,再返30000元;④资深专业讲师博导式一对一辅导。		本班配套图书及内部资料
至尊系列	九五至尊班	5.22~10.12	99000(专属自习室)	①协议班次无优惠,订立合同;②2023年主观题考试未过关,全额退还学费;③资深专业讲师博导式一对一辅导。		本班配套图书及内部资料
至尊系列	主观尊享班		45800(专属自习室)	已开课		本班配套图书及内部资料
至尊系列	主观至尊班	6.25~10.12	39800(专属自习室)	40000	已开课	本班配套图书及内部资料
大成系列	主观长训班	6.25~10.12	32800	28800	已开课	本班配套图书及内部资料
大成系列	主观集训VIP班	7.20~10.12	25800	①专属辅导,一对一批阅;②赠送专属自习室。		本班配套图书及内部资料
大成系列	主观集训班A模式	7.20~10.12	25800	21800	23800	本班配套图书及内部资料
大成系列	主观集训班B模式	7.20~10.12	25800	①协议班次无优惠,订立合同;②2023年主观题考试未过关,退15800元。		本班配套图书及内部资料
大成系列	主观特训班	8.20~10.12	22800	18800	19800	本班配套图书及内部资料
大成系列	主观高效提分VIP班	9.3~10.12	18800	①专属辅导,一对一批阅;②赠送专属自习室。		本班配套图书及内部资料
大成系列	主观高效提分班A模式	9.3~10.12	18800	16800	17800	本班配套图书及内部资料
大成系列	主观高效提分班B模式	9.3~10.12	18800	①协议班次无优惠,订立合同;②2023年主观题考试未过关,退10000元。		本班配套图书及内部资料
冲刺系列	主观短训班	9.20~10.12	13800	9800	10800	本班配套图书及内部资料
冲刺系列	主观短训VIP班	9.20~10.12	13800	①专属辅导,一对一批阅;②赠送专属自习室。		本班配套图书及内部资料
冲刺系列	主观决胜班	9.25~10.12	12800	7800	8800	本班配套图书及内部资料
冲刺系列	主观决胜VIP班	9.25~10.12	12800	①专属辅导,一对一批阅;②赠送专属自习室。		本班配套图书及内部资料
冲刺系列	主观点睛冲刺班	10.5~10.12	6800	4580	4980	本班配套图书及内部资料

其他优惠:

1. 多人报名可在优惠价格基础上再享团报优惠:3人(含)以上报名,每人优惠200元;5人(含)以上报名,每人优惠300元;8人(含)以上报名,每人优惠500元。
2. 厚大面授老学员报名再享9折优惠。

PS:课程时间将根据2023年司法部公布的考试时间作相应调整。

【松江教学基地】上海市松江大学城文汇路1128弄双创集聚区3楼301室　咨询热线:021-67663517

【市区办公室】上海市静安区汉中路158号汉中广场1204室　咨询热线:021-60730859

厚大法考APP　　　厚大法考官博　　　上海厚大法考官博　　　上海厚大法考官微

厚大法考(成都)2023年主观题面授教学计划

班次名称		授课时间	标准学费(元)	授课方式	阶段优惠(元)			配套资料
					7.10前	8.10前	9.10前	
大成系列(全日制脱产)	主观集训A班	7.8~10.7	25800	直播+面授	16800	已开课		二战主观题资料包(考点清单、沙盘推演、万能金句电子版)+随堂内部讲义
	主观集训B班	7.8~10.7	25800	直播+面授	签订协议,无优惠。2023年主观题未通过,退20000元。专属辅导,一对一批阅。			
	主观特训A班	8.10~10.7	22800	直播+面授	13800	14800	已开课	
	主观特训B班	8.10~10.7	22800	直播+面授	签订协议,无优惠。2023年主观题未通过,退17000元。专属辅导,一对一批阅。			
冲刺系列(全日制脱产)	主观短训A班	9.18~10.7	16800	直播+面授	9080	9380	9580	沙盘推演+万能金句电子版+随堂内部讲义
	主观短训B班	9.18~10.7	16800	直播+面授	签订协议,无优惠。2023年主观题未通过,退15800元。专属辅导,一对一批阅。			
	主观衔接班	9.25~10.7	12800	直播+面授	8080	8580		随堂内部讲义
	主观密训营	10.1~10.7	11800	面 授	5080	5580		
周末系列(周末在职)	主观周末全程班	4.3~10.7	20800	直播+面授	11800	12800	13800	二战主观题资料包(考点清单、沙盘推演、万能金句电子版)+随堂内部讲义
	主观周末特训班	8.5~10.7	16800	直播+面授	9080	9380	9580	

其他优惠:

1. 多人报名可在优惠价格基础上再享团报优惠:3人(含)以上报名,每人优惠200元;5人(含)以上报名,每人优惠300元;8人(含)以上报名,每人优惠400元。

2. 厚大老学员(直属面授)报名再享9折优惠,厚大老学员(非直属面授)报名优惠200元。

3. 公检法司所工作人员凭工作证报名优惠500元。

【成都分校】四川省成都市成华区锦绣大道5547号梦魇方广场1栋1318室　　咨询热线:028-83533213

厚大法考APP　　　　　　厚大法考官博　　　　　　成都厚大法考官微

厚大法考(郑州)2023年二战主观题教学计划

班次名称		授课时间	标准学费（元）	授课方式	阶段优惠(元)		配套资料
					7.10 前	8.10 前	
大成系列	主观集训 A 班	7.20～10.10	36800	网授+面授	2022 年主观题分数≥90 分的学员，若 2023 年主观题未通过，全额退费；2022 年主观题分数≤89 分的学员，若 2023 年主观题未通过，退 26800 元。一对一批改服务、班班督学、一对一诊断学情、针对性提升、课程全面升级。		配备本班次配套图书及随堂内部资料
	主观集训 B 班	7.20～10.10	29800	网授+面授	11300	已开课	
	主观特训 A 班	8.20～10.10	31800	网授+面授	协议保障，若 2023 年主观题未通过，退 21800 元。一对一批改服务、班班督学、一对一诊断学情、针对性提升、课程全面升级。		
	主观特训 B 班	8.20～10.10	25800	网授+面授	9800	10300	

其他优惠：

1. 多人报名可在优惠价格基础上再享团报优惠：3 人（含）以上报名，每人优惠 180 元；5 人（含）以上报名，每人优惠 280 元。

2. 厚大面授老学员在阶段优惠价格基础上再优惠 500 元，不再享受其他优惠，冲刺班次和协议班次除外。

【郑州分校地址】河南省郑州市龙湖镇（南大学城）泰山路与 107 国道交叉口向东 50 米路南厚大教学
咨询电话：杨老师 17303862226　　李老师 19939507026　　姚老师 19939507028

厚大法考 APP　　厚大法考官微　　厚大法考官博　　QQ 群：712764709　　郑州厚大官博　　郑州厚大官微

厚大法考(西安)2023年主观题面授教学计划

班次名称		授课时间	标准学费(元)	授课方式	阶段优惠(元)		
					6.10前	7.10前	8.10前
大成系列	主观旗舰A班	5.12~10.8	36800	网授+面授	2022年主观题分数≥90分的学员,2023年未通过,全额退费。2022年主观题分数<90分的学员,2023年未通过,退28000元。		
	主观旗舰B班	5.12~10.8	18880	网授+面授	12380	已开课	
	主观通关A班	6.18~10.8	25800	网授+面授	2023年主观题未通过,退16000元。座位优先,面批面改,带练带背。		
	主观通关B班	6.18~10.8	16800	网授+面授	11880	12380	已开课
	主观集训A班	7.10~10.8	21800	网授+面授	2023年主观题未通过,退12000元。座位优先,面批面改,带练带背。		
	主观集训B班	7.10—10.8	13880	网授+面授	10880	11380	11880
	主观特训A班	8.20~10.8	18800	网授+面授	2023年主观题未通过,退10000元。座位优先,面批面改,带练带背。		
	主观特训B班	8.20~10.8	11880	网授+面授	8880	9380	9880

其他优惠:

1. 多人报名可在优惠价格基础上再享团报优惠:3人(含)以上团报,每人优惠300元;5人(含)以上团报,每人优惠500元;8人(含)以上团报,每人优惠800元。

2. 老学员优惠500元,不再享受其他优惠。

3. 协议班次无优惠,不适用以上政策。

【西安分校地址】陕西省西安市雁塔区长安南路449号丽融大厦1802室

厚大法考APP　　厚大法考官博　　西安厚大法考微信公众号　　西安厚大法考QQ服务群　　西安厚大官博

厚大法考(广州)2023年主观题面授教学计划

班次名称		授课时间	标准学费(元)	阶段优惠(元)			配套资料
				7.10前	8.10前	9.10前	
全日制脱产系列	主观集训班	7.8~10.7	30800	18800	20800	——	二战主观题资料包(考点清单、沙盘推演、万能金句电子版)+课堂内部讲义
	主观暑期班	7.8~9.3	20800	11800	12800	——	
	主观特训班	8.10~10.7	23800	14800	15800	16800	
周末在职系列	主观周末全程班(视频+面授)	5.6~10.7	20800	已开课			
	主观周末特训班	8.5~10.7	16800	12300	12800	13800	
冲刺系列	主观短训班	9.18~10.7	19800	10300	10800		沙盘推演+万能金句电子版+课堂内部讲义
	主观衔接班	9.25~10.7	14800	8000	9000		课堂内部讲义
	主观密训营	10.1~10.7	11800	5500	6000		随堂密训资料

其他优惠: 详询工作人员

【广州分校】广东省广州市海珠区新港东路1088号中洲交易中心六元素体验天地1207室

咨询热线:020-87595663 020-85588201

厚大法考 APP

厚大法考官博

广州厚大法考官微

厚大爱题库
专于考试精于题

爱题库 APP

爱题库 微博

法考刷题,就用厚大爱题库!

多: 2002-2021,主观题客观题,模拟题真题,应有尽有。

细: 名词解析细致,法条罗列清晰,重点明确,解析精细。

新: 按照新考纲、新法条及时修改解析,越新越应试。

趣: 法考征途,边做题边升级,寓学于乐,助力法考!

2023年主观题考前60天冲关班

全程督学　任务清单　专属答疑　人工批阅　考点带背　三位一体　专项提升

2023年主观题 考前60天冲关班

核心要点巩固·筑地基
知识法条案例·促输出
考点带背梳理·理脉络
人工精细批阅·稳提升
考前预测梳理·强聚焦

课程周期:8月中-10月14日

精选高质量模拟大案例

15道人工一对一精细化批阅

考点带背梳理知识体系

法条定位专项提升

三位一体多轮巩固

阶段设置

第一阶段	考点带背梳理
第二阶段	大案例带写特训
第三阶段	法条专项提升
第四阶段	三位一体
第五阶段	考前模拟预测

▶ 普通模式

扫码获取
更多课程介绍

▶ 协议模式

扫码获取
更多课程介绍

2023年主观题民商事融合一本通

只需这一本解锁民、商、诉 稳拿分   搭配64课时配套课程 **免费学习**

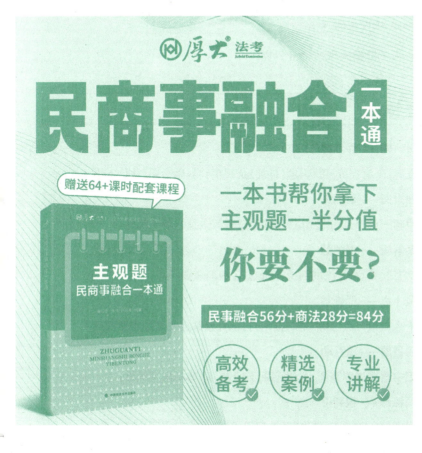

民商综合历年真题 (6道)

+

民综高质量10道模拟题

+

商法5年真题 (5道)

+

商法5道高质量模拟题

总计26道案例

紧扣命题规律，与时俱进
一本书，
足以解决你民商诉备考中面临的困扰。
懂你，更懂命题人！

图书邮寄   7月中旬开始陆续邮寄
课程时间   8月上旬配套课程开课

立即
扫码购买

大案例批改班

刷题│批改│精讲

循环开班

单科批阅, 误区集锦, 总结点拨

一对一人工批阅找茬, 个性化诊断

服务特色

①每日一题——够丰富

定点发题, 限时训练, 每科4题, 外加2道民事科目融合题, 共计30题。

②专业批阅——很细致

专业讲师一对一人工批阅点评反馈, 每题都做到一对一精批。

③配套解析——很规范

每题均有配套解析, 深度剖析答题范式, 梳理重要考点。

④黄金十点——严督学

每日十点黄金考点, 10点定时推送, 日积月累掌握主观题重要考点。

⑤直播讲解——重互动

单科集中直播讲解案例, 互动答疑, 作业展示, 典型误区剖析。

⑥知识梳理——很到位

单科讲解核心知识点, 重点归纳, 深入浅出, 再次夯实理论知识系统。

⑦应试讲师——很专业

辅导经验丰富、接地气的应试型讲师授课, 进步看得见。

人工批改展示

得分: 10分

点评:

本文属于绝对低分作文。虽然这样说有点残忍, 让你感觉很沮丧, 但事实确实如此, 必须严肃指出来, 这样痛过之后才能进步。(抱抱) 然后建议你重新写。

请注意, 习思想打分的几个硬性标准: 不能偏题、不能完全是模版、不能字数不够、不能政治反动。上述几个角度一旦踩中一个, 基本就是15分以下了。

本题的核心词是: 中国式高质量发展、新格局、全过程人民民主, 这些词你都没有作为重点展开。

开篇就谈习思想, 但本题并没有去问你习思想的什么认识, 不要在文章中创造新词。治理能力现代化又是你创造的新词, 这些就代表你偏题了奥。

一个不偏题的技巧: 文章中的核心词第一段必须全部出现, 连词成句。

中间段的主语必须是最核心的那个词 (中国式现代化、新发展格局)

要聪明地从材料中找出路。

比如:

要实现中国式现代化高质量, 打造新发展格局, 必须要坚持在法治轨道上推进国家治理体系和治理能力现代化。【把你的怎么提高治理能力压缩, 作为本段填充内容】

要实现中国式现代化高质量, 打造新发展格局, 必须……(这个做法可以从材料中抄写)

材料可以总结出好几个做法: 比如加强实现全过程民主啊、经济制度的改革啊【每个做法一段。】